MANFRED H. BAUCH

sinnieren

im Weinviertel

mit Texten von
Martin Neid

art edition *Verlag* Bibliothek der Provinz

IMPRESSUM

Manfred H. Bauch
sinnieren
im Weinviertel
mit Texten von Martin Neid

© 2022 Manfred H. Bauch und Martin Neid
Alle Rechte vorbehalten
Konzeption, Redaktion und grafische Gestaltung: Manfred H. Bauch
Texte: Martin Neid und Manfred H. Bauch
Lektorat: Dr. Erika Sieder
CIP Titelaufnahme in der Deutschen Bibliothek
herausgegeben von Richard Pils
ISBN: 978-3-99126-154-4
art edition *Verlag* Bibliothek der Provinz GmbH.
A-3970 WEITRA 02856/3794
www.bibliothekderprovinz.at

Fotonachweis: S. 10 Fotostudio Semrad; S. 52, 119, 161 Ingrid Böhm – vistacolor; S. 138 Ferdinand Altmann;
S. 147 Kerstin Hieblinger; S. 149, 154 Anita Fieger; S. 162 Petra Wiesmayr; S. 165 Regina Courtier;
S. 166–169 Romana Fürnkranz Architekturfotografie

INHALT

Bernd Semrad	4	Vorwort
Martin Neid	5	„Sinnieren" – Versuch den Buchtitel zu erklären
M. H. Bauch	7	Zur Entstehung dieses Buches
	9	Sehen lernen im Weinviertel
Martin Neid	16	Weinviertelwerbung
	17	Foto-Grafisches
	18	Wir Blinde
	19	Alltagssprengung
	21	Abende
	22	Frühling
Abbildungen M. H. Bauch	24	Weinvierteldokumentation 1980–1995
	25	Maigrün & Pastelltöne
Martin Neid	38	Dorfenge
	39	Dorfweite
	40	Sinnieren
	42	Sommer
Abbildungen M. H. Bauch	45	Goldocker & Azurblau
Manfred H. Bauch	59	Ernüchternder Perspektivwechsel
Martin Neid	66	Flüchtiges / Abendsonne
	67	Stammtischbosheit
	68	Michelstetten / Althöflein
	69	Kleiner Grenzverkehr
	71	Herbst
Abbildungen M. H. Bauch	75	Von Polychrom bis Bernsteinfarben
Martin Neid	85	Aus der Nacht gehen
	88	Winter
Abbildungen M. H. Bauch	91	Eisblau, Schiefergrau & Anthrazit
Dr. Werner Galler	92	Der Weinviertler Adventkalender
Manfred H. Bauch	109	Kleine Weinviertler Kunst- & Künstlergeschichte
Abbildungen M. H. Bauch	117	Kunst im öffentlichen Raum – Land Art 1990–2020
	170	Ausgeführte Werke im öffentlichen Raum
	172	Ausstellungsverzeichnis
	173	Literaturverzeichnis
	174	Dank
	175	Biografie

VORWORT

Bernd Semrad

„Sinnieren". Wenn zwei zueinander finden, über ein Thema laut nachdenken, sich im besten Wortsinn „ver-ständigen", Gedanken generieren, Wahrnehmungen in Worte fassen, zur Disposition stellen – und das alles ohne den Zwang, eine endgültige Wahrheit oder Lösung zu finden. Sinnieren als reinste Form der Kommunikation also. Das muss nicht zwingend im persönlichen Austausch passieren. Vielmehr steht die gesamte Werkzeugkiste menschlicher Kulturtechniken zur Verfügung: Worte, gesprochen oder geschrieben; sämtliche künstlerischen Ausdrucksformen, Gemaltes, Gezeichnetes, Gestaltetes …

Dieses Buch trägt nicht nur den Titel „Sinnieren", sondern vereint das eben Skizzierte auf fein komponierten 174 Seiten. Manfred H. Bauch und Martin Neid sind jene beiden Protagonisten, die über ihr Weinviertel „sinnieren". Künstlerisch, literarisch – in Ausdrucksformen also, die sie seit Jahrzehnten beherrschen. In Jahrzehnten, wo die beiden „Seelenverwandten" neben der nötigen Innensicht auch den Blick von außen auf ihre Heimat schärfen konnten. Die beiden, die sich im Wesen scheinbar ähneln, auch in der lokalen Entfernung stets so nahe waren, hatten sich freilich erst spät gefunden. Seit damals, gegen Ende der 2010er Jahre, entwickelte sich aber sehr rasch eine gegenseitig wertschätzende Freundschaft, die in diesem Buch dokumentiert und gewürdigt wird. Der eine, einer bäuerlichen Familie entstammender, bodenständiger Obersdorfer; der andere, gebürtiger Wiener, der erst spät zu seinen Wurzeln zurückfand, die seine Großmutter – eine „Stoibersche" – ebenfalls in Obersdorf hatte.

Martin Neid, der frühere Rechtsanwalt; Verteidiger der Rechte von jenen am Rande der Gesellschaft sowie enthusiastischer Verteidiger seiner geliebten „Vienna", dem legendären Wiener Fußballverein. Selbst war er lange Jahre Tormann in Obersdorf – im krassen Gegensatz zu Manfred H. Bauch, dem „Künstler", dem „Ballverweigerer".

„Sinnieren" ist aber nicht nur eine Werkschau ausgewählter Schaffensperioden und themenbezogener Werke von Manfred H. Bauch, garniert mit Texten von Martin Neid. Vielmehr kommunizieren die Elemente dieses Buches auch miteinander, sie stehen nicht bloß aneinandergereiht und für sich. Sie nehmen Bezug aufeinander, ja: sie korrespondieren. Und wer genau hinsieht, „hört" Bilder und Texte auch „sinnieren".

Die Lektüre des Buches entführt auf eine künstlerische und literarische Reise durch die Zeitläufte des Weinviertels. Sich wechselweise auf Bilder, das breite Oeuvre der Kunst im öffentlichen Raum sowie die Texte einzulassen: Das ist „Sinnieren", der große Genuss dieses Buches.

SINNIEREN
Versuch den Buchtitel zu erklären

Martin Neid

Bei der Wahl des Buchtitels hat sich der Künstler durchgesetzt. Der Autor hat längere Zeit ganz in sich versunken nachgedacht. Aber es ist ihm nichts Besseres eingefallen. Damit wäre zunächst erklärt, was Sinnieren bedeutet.

Für den Osten Österreichs, zuvorderst für das Weinviertel scheint diese Definition jedoch zu eng. Sinnieren ist bei uns nicht auf die Einsamkeit des stillen Kämmerleins beschränkt, es gibt auch Gruppensinnieren (auf den Text „Sinnieren" in diesem Buch sei verwiesen). Es bedarf auch nicht der vollständigen Versenkung. Ein Sinnierer ist bei uns auch jemand, der nicht tief versinkt. Und was beim Sinnieren an die Oberfläche gelangt und dem Mund entkommt, muss auch nicht immer etwas so Hehres wie ein Gedanke sein.

Von mir gibt es jedenfalls keine präzise Definition des Sinnierens, denn der Titel ist schließlich von Manfred und nicht von mir. Das Wesen des Sinnierens besteht ja gerade darin, dass es sehr unpräzise ist. Erwiesen ist nur, dass Sinnieren der seelischen Entlüftung dient. Wenn Ihnen jetzt dazu eine Entlüftungsart des menschlichen Körpers einfällt, sind Sie der Sache jedenfalls schon nahegekommen.

Was selbstverständlich nicht heißen soll, dass dieses Buch ein Schas ist!

Eines noch: Auf jeden Fall völlig verfehlt – zumindest für das Weinviertel – ist eine Definition des Begriffes „Sinnieren" im Duden, der Sprachbibel aus Deutschland. Sinnieren, so der Duden, heißt „ umgangssprachlich: das Gehirn zermartern". Aber wirklich nicht! Derartiges widerstreitet dem Naturell zumindest des Wieners und des Weinviertlers.

Wenn Sie jetzt noch nicht wissen, was Sinnieren ist, zermartern Sie sich nicht das Gehirn, fangen Sie an zu sinnieren oder widmen Sie sich diesem Buch.

Weinviertler Kellerzyklus 1-4 / 1973 / Linolschnitt / 24,5 x 24,5 cm

ZUR ENTSTEHUNG DIESES BUCHES
Manfred H. Bauch

Die Anfrage meines seelenverwandten Freundes Martin Neid im Jahr 2014, ein gemeinsames Buch zum Thema Weinviertel zu bebildern, hat mich natürlich sehr geehrt und gefreut. Da ich aber in dieser von ihm erwarteten Art, wie im Folgenden beschrieben, seit rund 20 Jahren nicht mehr gearbeitet hatte, hielt ich das Projekt anfangs für nicht realisierbar. Die Bilder von damals hatte ich bis auf zwei, die meiner Frau gehören (Gott sei Dank!), in alle Welt verkauft, sodass es heute eigentlich keine Originale zur drucktechnischen Verwendung gibt. So dauerte es lange, bis ich Mitte 2016 die rettende Idee für das verlockende Vorhaben hatte.

Bereits zur jeweiligen Entstehungszeit meiner zeichnerischen Weinviertel-Dokumentation, hatte ich alle meine Bilder mit einem speziellen, heute nicht mehr gebräuchlichen Fotokopier-Verfahren ablichten lassen, um sie in meinem Werkarchiv aufzubewahren. Zum Großteil sind diese fast vergessenen Fotokopien, nun digital sorgsam „entstaubt", das Ausgangsmaterial für dieses Buch. Sie sind aber auch tatsächlich das, was ich von Beginn an damit beabsichtigte, – Dokument MEINES Weinviertels.

Im weiteren Verlauf der Entwicklung dieses gemeinsamen Buchprojektes war mir das Hervorholen meiner frühen Arbeiten aber doch zu wenig, um die Chance der Herausgabe einer künstlerischen Monographie voll auszuschöpfen. Daher lag es ja praktisch auf der Hand, die Arbeitsweise der damaligen „Vorarbeiten" mit meinen dadurch herangereiften Ideen und realisierten Werken der Gestaltung dieser Landschaft mittels Markierungen und künstlerischer Objekte zu ergänzen. In der Gattung „Public Art" oder „Kunst im öffentlichen Raum" sowie der „Land Art" entstanden in den letzten rund 30 Jahren einige Projekte, deren Verwirklichung aufgrund von öffentlichen Aufträgen sowie der Unterstützung von Förderern, Mäzenen und der Mithilfe von professionellen Fachkräften ermöglicht wurde. Einige dieser Objekte sind im zweiten Bildteil detailliert beschrieben und runden so das Werden und das Spektrum meines bisherigen Oeuvre ab.

Weinviertler Kellerzyklus 5-11 / *1978* / *Linolschnitt* / *24,5 x 24,5 cm*

Sehen lernen im Weinviertel

Manfred H. Bauch

Mutter Josefstädterin, Vater Weinviertler, beide erfolgreich künstlerisch tätig, hatten Wien zu ihrem ursprünglichen gemeinsamen Lebensmittelpunkt gewählt. Hier wurde ich als erstes von vier Kindern geboren und erlebte meine Kindheit und Jugend in einem rundum künstlerischen Umfeld des damals noch sehr grauen Wiens der 60er Jahre. Mein besonderes Talent wurde nach dem Gymnasium an der „Graphischen" ausgebildet und meine frühe Leidenschaft für Musik in Wiens wunderbaren Konzertsälen in hohem Maß zufriedengestellt. Der kleine Weinviertler Heimatort meines Vaters, wo die Familie zusätzlich zur künstlerischen Arbeit in Wien einen Heurigenbetrieb, den sogenannten Himmelkeller, führte, war damals nur zu Wochenenden ein Thema. Als der Vater sich Anfang der 70er Jahre entschied, auch sein Atelier und seine Werkstätte in seinen Herkunftsort Kronberg bei Wolkersdorf zu verlegen, bin ich ihm, der mein großes Vorbild war, gegen Ende meiner Ausbildung zum Grafiker, intuitiv gefolgt. Meine spezielle Diplomarbeit konnte im Zuge der Vorbereitung und fachlichen Betreuung seiner ersten multiplen Großausstellung mit dem Titel „Brot und Wein" im Jahr 1973/74 gleich in die Praxis umgesetzt werden. Diese einjährige Beschäftigung bedeutete für mich das erste, schwache Wahrnehmen des bescheidenen und unauffälligen Charakters eines damals noch ziemlich unbekannten, rein bäuerlichen Landstrichs im Norden der Großstadt, welcher nur sechzig Kilometer noch weiter nördlich und auch östlich von einem schier unüberwindbaren eisernen Zaun hermetisch abgeriegelt war.

Schon bald aber drängte mich die jugendliche Neugier diese engen Grenzen räumlich zu überwinden und den väterlichen Horizont zu überspringen, um unabhängig eigene kreative Wege zu erkunden. Japan war das weitest entfernte Ziel, wo ich meine Persönlichkeit beweisen konnte und mir mit meinen erlernten Fähigkeiten als Grafik- und Industriedesigner den Lebensunterhalt verdiente. Nach zweijährigem Aufenthalt kehrte ich verheiratet und mit viel neuem Wissen und Erfahrungen nach Österreich zurück und entschied mich nun ganz bewusst für das Weinviertel als Lebensmittelpunkt für Familie und Arbeit. Im von meiner gewohnten Perspektive aus gesehenen „hinter dem Hochleithenwald" liegenden Groß-Schweinbarth begann ich, mir diese neue, mühevolle Existenz als freischaffend bildender Künstler aufzubauen. Die Arbeiten stammten zu Beginn aus den verschiedensten Bereichen zwischen Kunst und Grafikdesign.

Die Anfrage eines engen Freundes, des Wolkersdorfer Volkskundlers und damaligen Leiters der volkskundlichen

Anlässlich der ersten Adventkalender-Ausstellung überhaupt, präsentierte das niederösterreichische Landesmuseum im Winter 1980/81 dieses dafür hergestellte Druckwerk: „In der Geschichte der in größerer Auflage gedruckten und verbreiteten Adventkalender, welche 1903 in München begann, hat es schon mehrere Schöpfungen gegeben, die Wert auf regionale Einordnung legten. In Zusammenarbeit mit dem NÖ. Landesmuseum wird eine kleine Heimatkunde des Weinviertels geboten."
Dr. Werner Galler

Der Weinviertler Adventkalender / 1980 / Tempera, 70 x 33 cm

Sammlungen des NÖ. Landesmuseums, Dr. Werner Galler, erstmals einen typischen Weinviertler Adventkalender zu kreieren, war dann 1980 der entscheidende Anstoß zur intensiven Auseinandersetzung mit der Landschaft, in der ich mich (genetisch gesehen) seit jeher befand. Einer Landschaft, die einfach und unspektakulär ihre gut gehüteten Geheimnisse in Schlichtheit versteckte, sodass ich lange brauchte, sie für mich zu entdecken. Dieses Bild ihres Wesens behutsam abtastend, um ihre Intimität wiederzugeben, ohne ihre Naivität plump zur Schau zu stellen, war der Versuch meiner Arbeit. Kellergassenromantik war nur ein kleiner Satz ihrer leisen Sprache. Wurde ich auf eine Stelle aufmerksam, weil sie mich unvermutet angesprochen hatte, so war es nicht die emotionelle Impression eines Moments, die ich darstellen wollte, sondern viel mehr der Gedankenfluss, den ich während der Zeit der Betrachtung dieses Ortes akribisch und in der gleichen verschlüsselten Form zu Papier gebracht hatte. Meist eine sehr persönliche Buntstifttechnik benutzend, hat deren handwerkliche Perfektion den oberflächlichen Betrachter meiner Bilder wahrscheinlich oft in die Irre geleitet. Ein „aus dem Bauch heraus" geführter spontaner Impetus der Zeichnung erschien mir, dem damaligen Hermann Bauch Junior*, als ungeeignet. Ganz im Gegenteil wollte ich die Eindrücke so realistisch wie möglich und doch anders als ein Fotograf festhalten und sammeln. Quasi als Dokument einer (scheinbar möglichen) friedvollen Welt zwischen Traum und Wirklichkeit sollten meine Weinviertelbilder späteren Betrachtern Zeugnis geben.

Ungefähr zwölf Jahre lang war dies ein wesentlicher Schaffensbereich meines Oeuvre. Danach ebbte die Leidenschaft langsam ab. Allgemein hatte sich das Interesse am Thema genügend verbreitet und man begann die kargen Eigentümlichkeiten der Landschaft bereits zu schätzen. Vor allem aber waren es die Möglichkeiten neuer und größerer künstlerischer Betätigungsfelder, die mich reizten. Bis auf ein paar kleinere Arbeiten befasste ich mich zeichnerisch, beziehungsweise malerisch noch ein letztes Mal zur Jahrtausendwende mit Landschaft und Kulturraum. Innerhalb von drei Jahren entstand die „Weinviertler Millenniumstrilogie", mit den sich wiederholenden Inhalten: Rad, Tier und Geschichte, sowie den drei Perspektiven: ins, im und aus dem Land nördlich der Donau bei Wien. Bereits Jahre davor hatte ich begonnen, die Landschaft nicht mehr nur darzustellen, sondern auch ganz konkret in ihr Erscheinungsbild gestaltend einzugreifen. Seither beschäftigen mich zum Großteil die künstlerischen Bereiche der Architektur sowie der Landschaftsgestaltung und der Land Art. Diese relativ großräumigen Vorhaben und deren Herausforderungen sie auch real umzusetzen, motivieren bis heute, mich dieser kleinen Region künstlerisch gänzlich hinzugeben, wie es im zweiten Teil dieses Buches dargestellt ist.

*Sämtliche künstlerische Arbeiten waren bis zur Beendigung der „Weinvierteldokumentation" um 1995 mit „Hermann Bauch jun." gezeichnet.
Seit damals signiert der Künstler mit „Manfred H. Bauch"

„Die Stunde Null" – die Nacht vom 31.12. 01 BC zum 1. 1. 01 AD

Minerva in Eulengestalt blickt hinüber zum anderen Ufer des Danubius, welcher friedlich die markomannischen Urwälder von der bald römischen Provinz Noricum trennt. Die Nacht ist ruhig und klar am letzten Tag des Dezembers im 30. Regierungsjahr von Caesar Octavian Augustus. Im Jahre 754 seit Gründung der Stadt Rom.

Weinviertler Milleniumstrilogie Teil I. / 1999 / Gouache / 43 x 21 cm

„Bernsteinstraße im Weinviertel" – Mittag, 31. Dezember 999 AD

Ein hungriges Wiesel am Wegesrand der alten Handelsroute schaut suchend über die schneebedeckten Hügel des östlichen Grenzlandes. Der eisige Nordwind erzählt von Ostarrichi, von Otto III. – dem jungen Kaiser und König Stephan von Ungarn – dem späteren „Heiligen". Eine Zeit des Friedens an der Wende des ersten Jahrtausends.

Weinviertler Milleniumstrilogie Teil II. / 2000 / Gouache / 43 x 21 cm

„Die Fledermaus" – Silvester 1999, 24:00 Uhr

Vom lauten Krachen aus dem Winterschlaf aufgeschreckt, flattert eine Weinviertler Fledermaus hektisch durch die Gegend. Den großartigen Moment, die Walzerklänge, den Jubel und das durch die Feuerwerke hell erleuchtete Wien ignoriert sie völlig. Ein paar Minuten später, auf LCD Displays leuchtet bereits die Zahl 2000, torkelt sie wieder zurück in ihr Kirchturmgebälk. Der winterliche Friede breitet sich langsam wieder über das nächtliche Land.

Weinviertler Milleniumstrilogie Teil III. / 2001 / Gouache / 43 x 24 cm

15

WEINVIERTELWERBUNG

Martin Neid

Manfred hat mich ersucht, in diesem Buch auch meine Liebe zum Weinviertel literarisch zu „erklären", verständlich zu machen. Der bildende Künstler hat es da leichter. Wie soll ein Verliebter mit Worten erklären, warum er nicht mehr zu rationalem Verhalten imstande ist. Das ist zum Scheitern verurteilt. Ich werde die Erklärung auf einem Umweg versuchen.
Vor einigen Jahren hatte man mich eingeladen, für die Weinviertelwerbung einen kurzen Text zu verfassen. Den folgenden Text habe ich daraufhin verfasst und dem Auftraggeber geschickt.

Das Weinviertel

Wir können weder mit den Niagarafällen aufwarten noch mit dem Eiffelturm. Das Weinviertel ist deshalb so schön, weil nichts Spektakuläres Augen und Herzen überfordert. Und weil es noch ein Hintaus gibt – Orte wo sich die Gestaltungswut der Menschen verliert. Überflutet von Reizen brauchen wir Hintaus mehr denn je. Hintaus ist, wo man – endlich – loslassen darf. Erholen Sie sich also von den Niagarafällen bei uns Hintaus.

Die verantwortliche Dame der Weinviertelwerbung strich Balsam auf meine Literatenseele und lobte den Text ob seiner Originalität und Poesie. Gleich darauf bemerkte sie aber, für einen Werbetext sei mein Entwurf zu defensiv (!?). Gute Werbung sei wie ein Überfall, dem man sich nicht entziehen könne. Na dann.
Ob die Überfallenen gerade die sind, denen das Weinviertel guttut? Und ob gerade diese Überfallenen dem Weinviertel guttun, wage ich zu bezweifeln. Aber ich versteh nichts von Werbung.

Lasset uns also Niagarafälle vom Buschberg donnern und in Zistersdorf einen Bohrturm auf Pariser Höhe verlängern, dann ist das Weinviertel kein Mauerblümchen mehr und endlich auch so hin wie viele von der Werbung umschmeichelten Gegenden. Die Überfallenen werden den Tourismus dann in schwindelnde Höhen treiben. Bei mir freilich wird der Rausch der Verliebtheit, so fürchte ich, in eine mangelhaft gepflegte, nüchternfreudlose Beziehung zum Weinviertel münden.
Die schönste Antwort zum Thema Weinviertel stammt von meinem Jugendfreund Hermann. Auf die Frage, was denn am Weinviertel so besonders sei, gab er dem zynischen Fragensteller eine Antwort mit der ihm angemessen erscheinenden Arroganz: „Was am Weinviertel so besonders is? Besonders? I man des Weinviertel is nix B´sonders. Nur, es is halt die schenste Gegend der Wöd. Für mi!" Sprach´s und das Thema war – für ihn – erschöpfend abgehandelt.

FOTO-GRAFISCHES

Mein Zeichenprofessor im Gymnasium, ein liebenswertes chaotisches Genie, Archetypus des zerstreuten Professors, alt aber von jugendlich sprühender Kreativität, stupste mich einst halbsanft zur Musik. Ab der 5. Klasse waren Weichen zu stellen. Entweder Musik oder Zeichnen (so schön einfach nannte man das damals) stand auf dem Lehrplan. Mein wunderbarer Zeichenprofessor stellte mir die Weichen. „Erstens: Du singst im Chor und zweitens: Zeichenpapier ist teuer, nimm bitte Musik." Ich nahm.

Vom Vater hatte ich endlich den wunderbaren Voigtländer Fotoapparat erhalten und begann zu fotografieren. Fotos waren viel teurer als Zeichenpapier. Jedem Foto ging daher langes Überlegen, langes Studium des Lichts voraus, bis der Auslöser gedrückt werden durfte. Eine fast sakrale Handlung. Mit dem Klicken vom Voigtländer Apparat kann bis heute kein Geräusch mithalten, außer vielleicht das Klappern der Fußballschuhe auf dem Weg aus der Kabine (diesen Halbsatz verstehen nur Fußballspieler). Und dann erst das freudig-ungeduldige Warten, bis man die Fotos (acht Fotos im Format 6 x 9) endlich vom Labor abholen konnte.

Für die Voigtländer gibt es keine Filme mehr. Fotografieren kann man heute filmlos, ohne Blende, Tiefenschärfe und vieles andere überlegen zu müssen. Das erledigt jetzt das digitale Gehirn im Gerät. Und dieses Gehirn ist wachsam. Erscheint ein Bild nicht gelungen, wird es gnadenlos korrigiert und optimiert bis es „schön" ist. Fotografieren ist jetzt einfach, billig. Und schnell löschen kann man die Bilder auch wieder. Zum Glück. Erlebnis ist es keines mehr. Freude macht es mir auch keine mehr, so wie alles, was man ohne Mühe bekommt.

Der Fotomüll innerhalb und außerhalb von Apparaten vermehrt sich ins Unermessliche.
Und meine Voigtländer? Sie wartet seit vielen Jahren geduldig und mit leerem Magen auf die Auferstehung.

WIR BLINDE für Didi Sattmann

Wir schauen nur, aber wir sehen nicht.
                                        Andrei Tarkowski

Blind sind wir geworden. Blind für das Schöne, das uns umgibt. Zu jeder Stunde, Tag und Nacht.
War das schon immer so? Oder erst seit uns Tag und Nacht Töne und Bilder überfluten?

Ohne Schönheit können wir nicht leben. Wir wissen das nicht mehr. Aber wenn uns das Schöne eine Zeit lang fehlt, erfasst uns Unruhe. Die Unruhe der Sehnsucht.

Weil erblindet, brauchen wir starke Reize, um überhaupt noch etwas wahrzunehmen. Und weil zuhause alles so ist wie es immer war, heißt es reisen. Das geht heute ohne große Mühe, ohne Strapazen. Die Strapazen lagern wir aus in die Orte, die wir hinter uns lassen, und in die, die wir ansteuern.

Angekommen sind wir voll des Staunens über die Schönheit eines Baumes, einer Straße, einer Abendstimmung am Wasser. Wir wussten schon darum. Aus dem Reiseführer oder aus dem dritten Teil der Bibel, dem Internet, dem neuesten Testament. Wir wissen, dass es schön ist und wenn wir noch nicht ganz erblindet sind, spüren wir es sogar. Für einige Augenblicke. Dann frieren wir das Schöne mit dem allzeit bereiten Smartphone ein.

Heimgekehrt möchten wir diese Bilder auftauen. Aber es wird nicht warm genug dafür.
Den Wald hinter unserem Haus müssten wir nicht aus Konservendosen befreien. Auch er ist wunderschön und wartet auf uns. Vergeblich. Ratlos, hungrig vor Sehnsucht, aber leeren Blickes schauen wir vom eingefrorenen Wald auf dem Bildschirm zu dem hinter unserem Haus, der uns mit sanftem Rauschen jeden Tag verführen will.

Aber Blinde, die wir sind, schauen wir nur, aber wir sehen nicht.

ALLTAGSSPRENGUNG

Wer sucht, findet nicht. Wer nicht sucht, wird gefunden.

Franz Kafka

Tage, Jahre vergehen, ein ganzes Leben vergeht. Und alle Tage sind gewöhnlich. Tag für Tag die gleichen Verrichtungen. Alltägliche Gedanken, alltägliche Gespräche, oberflächliche Begegnungen. Alles gewöhnlich. Wenn wir – selten – in unserem ewig gleichen Trott innehalten, spüren wir einen dumpfen Schmerz „über das gleichförmige Vergehen der Tage" (Franz Kafka). Dann wollen wir das enge Korsett des Gewöhnlichen sprengen, dem gleichförmigen Vergehen der Tage entfliehen.

Die Sehnsucht nach dem Außergewöhnlichen beginnt in uns zu pochen. Wir wollen etwas erleben, das uns sprachlos macht, uns von unseren schalen Worthülsen befreit. Wir wollen erschüttert werden, wo wir doch bisher alle Kraft aufgewendet haben, Erschütterungen zu vermeiden. Wir sehnen uns nach Nähe, vor der wir bisher zurückgeschreckt sind. Zurückgeschreckt aus Angst. Aus Angst, die Störung der Liturgie der täglichen Ereignislosigkeit könnte uns ins Bodenlose stürzen lassen. Wenn der Schmerz nagt, sehen wir, dass genau diese Liturgie es ist, die unsere Tage leer und uns müde und traurig macht. Das Außergewöhnliche muss her. Es wird uns befreien vom Mehltau, der unsere Tage grau macht. Aber wo finden und wie kommen wir hin, wir unbeweglich im Korsett Verschnürte? Ängstlich sind wir, kraftlos. Kraftlos aus Angst vor dem Leben. Kraftlos vom Abmühen mit dem Ballast der gewöhnlichen Tage.

Wie soll da der Panzer gesprengt werden? Und so wie bisher, wenn die Leere der Tage uns gequält hat, nehmen wir Zuflucht zum Einzigen, was wir noch können: zum Konsumieren. Damit haben wir stets versucht, das Grau unserer Tage aufzuhellen. Sehr hell ist es damit nie geworden. Da wir aber sonst nichts können, entschließen wir uns das Außergewöhnliche zu kaufen.

Eine Reise in fremde Welten, ein Konzert mit Weltstars. Reisestrapazen nehmen wir dafür in Kauf und viel Geld in die Hand. Und wenn das Außergewöhnliche dann da ist, ist es … gewöhnlich. Wir mimen Begeisterte, die ersehnte Erschütterung bleibt aus, das Korsett hält. Planung, Geld, Erwartung vertragen sich nicht mit Magie. Aber ohne magische Augenblicke trocknen wir aus und unser Leben kann nicht fließen. Und doch es gibt sie die magischen Augenblicke, „derentwillen Gott die Welt erschaffen hat" (Robert Musil). Augenblicke die uns lebendig machen. Geschenkt werden sie aber nur den Absichtslosen.

Nur das Korsett, das uns verpasst wurde und das wir jahrelang immer enger und enger geschnürt haben, ist aus lauter Absichten gewebt. Also wieder nichts. Und das, obwohl uns jeden Tag das Außergewöhnliche umgibt, umwirbt, wartet, dass wir uns beschenken lassen.

Es bleibt ein Weg. Erstarrtes kann auch von außen gesprengt werden. Sprengungen schauen nicht wie ein Geschenk aus. Es kann wehtun, wenn der Panzer aufbricht. Der Reichtum der Natur, der Musik, der Kunst, der Literatur kann unsere Panzer öffnen, lässt uns freier atmen und hilft uns im besten Fall Kräfte zu wecken, Kräfte, die uns helfen an unserer Befreiung weiterzuarbeiten.

Der ganze Text lehnt sich an Franz Kafka an, darum soll er auch mit Gedanken von ihm enden. Was er (in einem Brief an Oskar Pollak) über die Literatur schreibt, gilt für alle wahre Kunst:

„Ich glaube man sollte nur solche Bücher lesen, die einen beißen und stechen … Ein Buch muss die Axt sein für das gefrorene Meer in uns".

ABENDE

Im Grunde mache ich was ich will. Im Übrigen lausche ich der Stille. Das wird immer schwieriger. Die Geräusche rücken immer weiter vor. Aber ich brauche die Stille, um nicht den Verstand zu verlieren.

J. J. Cale

Am Abend wird es still in den Dörfern und es drängt den Blick zum Himmel. Die großen Städte hetzen vom Tag in die Nacht. Immer ist es dort laut und der Blick in den Himmel ist versperrt. Den Städten gelingen Abende nicht.

Wann immer es die Arbeit zuließ, zog es meinen Vater hinaus in das Licht und die Stille des Abends. Durch das Hintaustor verschwand er und kehrte oft erst zurück, wenn die Nacht den Abend sanft beiseitegeschoben hatte. Begründet hat er seine abendlichen Wanderungen stets damit, er müsse auf den Feldern Nachschau halten. Als Kind habe ich ihm das geglaubt.

Später hätte ich ihn gern dazu befragt. Aber es blieb so manch eine Frage an ihn ohne Antwort, weil ich die Frage nie gestellt hatte. Zumindest die Frage zu seinen abendlichen Wanderungen, glaube ich, selbst abendsehnsüchtig geworden, zu kennen. Damals durfte niemand zugeben etwas zu tun, was man nicht der Arbeit zuzählen konnte.

Heute ist der Zeigefinger der Pflicht nicht mehr so drohend. Dennoch habe ich schon viele Abende vergeudet, bin nicht durch das Hintaustor aus Lärm und Enge in den Abend hinausgegangen. In das Balsamlicht, das alles liebkost und auch das Verwahrloste nicht bloßstellt. In das langsame Müdewerden der Natur. In das stets von Neuem verblüffende Schauspiel der Verwandlung in das Dunkel der Nacht.

All das und die vielen schönen Bilder umhüllt von einer Stille, die es den Augen erst möglich macht, all dies aufzunehmen. Und weil es still ist, dürfen am Abend die Ohren rasten und stören die Augen nicht. Die wenigen Geräusche, die das Ohr jetzt erreichen, sind gedämpft, als wären auch sie ergriffen von dem Zauber, der über allem liegt.

Die Frage an den Vater kann ich jetzt statt seiner beantworten. Er hat gesucht und wohl meist auch gefunden, was Abende schenken können. Die Ängste und Sorgen werden im Vergehen des Tages kleiner. Den vermeintlichen Wichtigkeiten geht die Luft aus. Das langsame Schwinden des Tages hilft dem, der sich darin versenkt, loszulassen, geschehen zu lassen, was geschieht. Abende sind Naturheilmittel. Stimmt doch Vater, oder?

FRÜHLING

Martin Neid

Meine Söhne haben in Südamerika (Ecuador, Kolumbien) ihren Zivildienst absolviert. In Ländern ohne Jahreszeiten, also ohne österreichische Jahreszeiten. In Ecuador (Äquator!) geht die Sonne immer zur gleichen Zeit auf und versinkt am Abend zur gleichen Zeit. Das Wetter ist entweder feucht/warm oder feucht/heiß. Dazu gibt es hohe Berge. Da ist es zwar kühler, dafür gibt es dort zu wenig Luft zum Atmen. Seit ich meinen Sohn dort besucht habe, liebe ich alle unsere Jahreszeiten. Bis dorthin war in meiner Liebe kein Raum für den Winter.

Die Begeisterung für den Frühling entfacht der Winter. Ohne Winter gäbe es keine Frühlingsgedichte. Der Winter opfert sich, gibt dem Drängen des Frühlings nach. Die Sehnsucht nach ihm schmeichelt dem Frühling. Der Winter nimmt schweigend hin, dass die Menschen und die Tiere, letztere – da ohne Zentralheizung – vielleicht noch mehr danach lechzen, dass er endlich aus ist.

So, genug vom Winter, das ist das Frühlingskapitel. Aber mir tut er halt leid, der Winter. Seit Ecuador. In seinem Kapitel, weiter hinten im Buch, werde ich den Winter frühlingslos anhimmeln.

Je älter ich werde, umso notwendiger wird mir der Frühling. Das Erwachen der Natur, mit frostigen Rückschlägen (aus winterlicher Eifersucht?), aber doch unaufhaltsam. Die Sonne, die mit ihrem Licht und ihrer Wärme jeden Tag ein wenig länger das Leben erweckt, das Wasser aus der Erstarrung erlöst. Der Bach gluckst zuerst noch schüchtern, aber niemand kann ihm seine Freude daran nehmen, endlich wieder befreit zu fließen. Durch die graubraune Erde drängt das erste Grün zur Sonne, zum Leben.

Noch viele andere Bilder treten uns vor Augen, wenn wir an den Frühling denken. Jede Jahreszeit brauchen wir für das Gleichgewicht unserer Seele. Den Frühling vielleicht am notwendigsten. Das weiß er. Der Frühling kommt immer dann daher, wenn wir seiner am dringendsten bedürfen, wie ein unbekannt gebliebener Weiser einst gesagt hat.

Die Jugend, die noch keine Zweifel anficht über die Endlichkeit des Lebens, könnte zur Not den Frühling auslassen. Die Jugend ist ja im Frühling. Aber wahrscheinlich auch nicht (mehr). Die dunklen Wolken, die unsere Zivilisation dem Himmel beschert hat und damit die Jahreszeiten in ihrem Programm behindern, machen auch den

jungen Menschen Angst. Auch ihnen tut der Frühling not. Und ihnen noch mehr als den kraftlos gewordenen Alten tut der Frühling leid, weil wir Menschen seinem Drang so viel zufleiß machen.
Für mich Alten (Jahrgang 1950) wäre ein Jahr ohne Frühling lebensbedrohend. Darum bleib ich auch im Weinviertel und geh nicht nach Ecuador. Jedes Jahr wieder Frühling heißt jedes Jahr wieder an das Leben glauben und aus dem dunklen Zimmer des Winters wieder ins Weite gehen. Und wenn der Frühling schließlich wie ein Feuerwerk alles erstrahlen lässt, wir die verschwenderische Fülle gar nicht mehr ganz erfassen können, dann endlich erblüht auch meine Lieblingsblume, der Löwenzahn (für Urweinviertler übersetzt Mülibischl oder Krotnveigerl). Und dann bin ich mir ganz sicher: das Leben geht weiter!

Gebrauchsanweisung:
Das Geschenk des Frühlings wird nur dem zuteil, der sich ihm ausliefert.
Wer die Hand nicht aufhält, dem kann man nichts geben.
Und wer die Augen nicht aufmacht, sieht nichts.

WEINVIERTELDOKUMENTATION
1980–1995

Maigrün & Pastelltöne

Frühling – Miniatur / 1982 / Gouache / Originalgröße

Groß-Schweinbarth – „Hintaus" / 1981 / Buntstift auf Ingrespapier

Weinkeller in Hagendorf / *1981 / Buntstift auf Ingrespapier* **Kleiner Kosmos am Wegesrand** / *1983 / Buntstift auf Ingrespapier*

Kellergasse bei Ottenthal / *1985* / *Buntstift*

Kleines Paradies bei Traunfeld / 1981 / Buntstift auf Ingrespapier

Weiße Pracht in grüner Ruhe / 1992 / *Aquarell* / *50 x 34 cm*

Frühsommer bei Herrnleis / 1982 / Ölkreide

Kirschbaumallee ängstlich zurückweichend / 1984 / Buntstift

Smaragdgrün bei Atzelsdorf / 1983 / Ölkreide

Holunderstrauch / 1985 / Buntstift auf Ingrespapier

Das Leben / 1984 / Buntstift

DORFENGE

Martin Neid

In einem Dorf leben, heißt keinen Platz haben und keine Ruhe.

Platz und Ruhe haben in einem Dorf nur die, die tun, was alle tun und lassen, was alle lassen. Und was man tun und lassen soll, wird schon in die Köpfe der Kinder gegossen. Sind sie dann erwachsen die Kinder, ist hart wie Beton geworden, was man ihnen eingegossen hatte. Auch sie wachen dann, dass niemand aus der Reihe tanzt. Wenn doch, weh ihm, weh ihr. Nur wer reumütig zurücktanzt, darf wieder Platz nehmen und hat Ruhe.

Wem der Preis zu hoch ist für diese Verstümmelung, der zieht in die Enge der Stadt, wo sich kaum einer stößt an den anderen, weil dort alle im Ausweichen geübt sind.

Einige wenige gibt es, die zwar aus der Reihe tanzen und trotzdem genug Platz und Ruhe im Dorf finden. Entweder weil der Beton, der in sie gegossen worden war, nie hart wurde oder weil sie genug Kraft und Mut hatten, den Beton zu sprengen. Sie tanzen aus der Reihe und finden genug Platz dafür. Und Ruhe hätten sie auch. Meistens brauchen sie keine.

DORFWEITE

In einem Dorf leben, heißt Platz haben und Ruhe haben.

In der Stadt ist alles eng. Der Raum ist dort kostbarer, teurer. In der Stadt drängen sich die Häuser zusammen. Die Menschen sind stets auf der Hut nicht aneinander zu stoßen. Und weil es dort so eng ist, bedarf es dort vieler Regeln, damit nichts zusammenstößt.

Die Natur hält sich nicht an Regeln und wird in der Stadt daher zurechtgestutzt und in Reservate gezwängt, Park genannt.

Wo es eng ist, ist auch nie Ruhe.

Und dennoch, die Dörfer leeren sich, die Städte füllen sich. An ihren Rändern schlucken sie ein Dorf nach dem anderen.

Gründe dafür gibt es viele. Die meisten stammen aus dem Reich der Nützlichkeit, des Profits (für wen?) Landflucht nennt sich das. Ein verräterischer Name. Man flieht nur aus Orten, aus Verhältnissen, die man nicht länger ertragen kann. Wer, was macht es unerträglich?

Die Flüchtlinge machen die Städte noch größer. Wenn sie dann im Lärm der großen Stadt einmal innehalten, spüren sie, dass ihnen etwas fehlt. Und es geht ihnen so wie allen. Was Tag für Tag das Leben schön gemacht hat, schätzen sie erst, wenn sie es verloren haben. Zu spät! Denn ihre Dörfer gibt es nicht mehr. Sie sind gestorben oder umgebracht. Was bleibt den fortgelockten Flüchtlingen, um den Phantomschmerz zu betäuben? Im Urlaub weit wegfliegen in romantische Dörfer. In großen Scharen kommen sie dorthin und zerstören dort das Idyll, das sie gesucht hatten.

Nachsatz zur Ehrenrettung der Stadt: Städte sind voll von Wundern, Leben, Farben, Möglichkeiten. Städte sind großartig. Wenn sie nicht zu groß werden. Dann wachsen sie denen über den Kopf, die dort leben, und denen, die sie verwalten sollen. Am Ende ihres vom Hunger getriebenen Wachstums sind die Städte kaputt und das, was von ihrem Umland übrig geblieben ist, ist ausgelaugt, verödet.

SINNIEREN

Martin Neid

Eine Kellergasse im Weinviertel in nächtlicher Dunkelheit. Bei einem der Keller ist die Tür weit offen und es fällt Licht auf den Weg.

Ein Bild, das seit Kindertagen zum Heimweharsenal zählt und mir das Weinviertel in der Ferne oft schmerzhaft wachgerufen hat. Etwa so, wie wenn man aus dem Nichts plötzlich den Namen der Geliebten vernimmt. Dabei ist das ein sehr gewöhnliches Bild. Ich kann es mir auch selbst nicht erklären, warum es mich seit jeher so in seinen Bann zieht. Darum versuche ich das auch jetzt nicht. Dafür erkläre ich, warum die Kellertür offen steht. Die Antwort darauf scheint einfach. Sie ist es auch, aber auch wieder nicht.

Ist eine Kellertür offen, obwohl die Arbeit im Keller schon ruht, dann ist sie einladend offen. Zumindest im Weinviertel. Offen für alle, die im Halbdunkel des Presshauses oder Kellervorhauses die Last des Tages abstreifen wollen. Und um zu genießen: den Wein und die mit keinem Ort vergleichbare Atmosphäre eines Weinviertler Kellers. Nichts ist hier blank poliert, nichts grell ausgeleuchtet, alles ist dort, wie es immer war.

Alle, die eintreten, werden Teil der Kellerrunde und ihrer abendlichen Diskussionen. Vom Wein befeuert enden diese freilich nicht immer in weinseliger Eintracht. Je öfter der Kellerherr schweren Schrittes mit einem Schatz aus der Kellerröhre emporsteigt und den Kellergenossen nachschenkt, umso höher steigt meist der Lärmpegel, sinkt meist das Niveau des Gespräches und die Disziplin der Diskutanten. Schlimmstenfalls endet das Symposion (übersetzt: das Zusammenliegen!!!) im Bodensatz des Politischen samt Hilferuf nach dem starken Mann.
Das ist eine der beiden Varianten der offenen Kellertür.

Es gibt aber auch eine zweite. Auch bei ihr fällt Licht auf den Weg. Auch dies soll einladen, aber …
Das Presshaus hinter dieser Kellertür ist auch hier veredelt mit Patina. Der Wein ist auch hier der Magnet, der anzieht. Nur, hier geht es nicht laut zu. Und laut wird es auch nicht werden, wie oft der Kellerherr auch die Gläser füllt.

Gerade dieses, kaum je unterbrochene Schweigen ist aber für manche eine Hemmschwelle für den Eintritt. Verunsichert gehen sie am „gesammelten Schweigen" vorbei und suchen nach einer offenen Kellertür, aus der es lärmt. Auch gut.

Auch im stillen Keller trifft man fast Abend für Abend eine – zumeist männliche – Runde. Aber hier wird es nicht laut. Es wird auch nicht diskutiert. Es wird sinniert und einen Abend lang genossen. Auch die Stille. Wird einem der sinnierenden Genießer das Schweigen zu schwer, sagt er etwas. Ohne eine Antwort zu erwarten. Manchmal, nach geraumem Schweigen, erhält er eine Antwort. Aber da er schon losgelassen hatte, was aus ihm heraus wollte, ist ersterem oft nicht mehr erinnerlich, was er überhaupt gesagt hatte.

Und wer sinnieren kann, der hat auch Talent zu genießen und verfeinert diesen Genuss von Mal zu Mal. Der Wein umschmeichelt seinen Gaumen. Die einmütig zelebrierte Ereignislosigkeit lässt die Sinnierer die Aura dieses Weinviertler Weiheraumes in all ihren Feinheiten spüren. Und das tut den Sinnierern gut.

Auch die Sinnierer tragen Sorgen und Lasten in den Keller. Aber wenn der Abend, manchmal auch sehr spät, ein Ende findet, ist ihnen leichter. Die im lauten Keller dagegen versuchen, meist vergeblich, den Druck ihrer Lebenslast in alkoholbefeuerten Diskussionen zu mildern. Den Sinnierern genügen dazu gelegentliche Seufzer, andächtiger und daher maßvoller Genuss der Landessäure, um sich spürbare Erleichterung zu verschaffen. Und starken Mann brauchen Sinnierer sowieso keinen.
Sinnieren kann man lernen. Im Weinviertel am besten in einem Keller, wo am Abend die Kellertür offen ist und Licht vom Keller auf den Weg fällt. Aber nur in einem, wo es nicht hitzig zugeht. Schließlich verdanken Keller ihr Dasein ihrer konstant kühlen Temperatur.

Also, lernen Sie sinnieren. Es wird Ihnen guttun! Wo man das lernen kann? Kommen Sie am Abend in eine Weinviertler Kellergasse. Halten Sie Ausschau, ob eine Kellertür offensteht und Licht auf den Weg fällt. Lauschen Sie. Wenn Sie die ereignislose Stille des Kellers in ihren Bann zieht, fassen Sie sich ein Herz und treten Sie ein. Der Lehrgang kann beginnen. Es ist aber nicht so wie in der Schule. Sinnieren lernt man nur, wenn man es gar nicht lernen will. Ohne Faulheit werden Sie kein Sinnierer.

SOMMER

Martin Neid

Meine Frau und zwei meiner Töchter sind Lehrerinnen. Ich sollte daher vorsichtig sein, wenn ich über den Sommer sinniere. Warum? Weil, endlich Ferien ist die erste Assoziation, die sich beim Wort Sommer bei mir einstellt.

Und Ferien heißt Freiheit! Freiheit von Aufgaben, Freiheit von der Uhr, Freiheit, das wirkliche Leben auszuprobieren. Der Sommer fängt ja schon vor den Ferien an. Seine Hitze und die länger werdenden Tage fachen die Vorfreude auf die Sommerferien an. Im Schuljahr gibt es wohl auch andere Ferien. Aber die sind zu kurz, um in Freiheit zu münden. In die Freiheit hineinzufinden, das braucht seine Zeit. Dieses Sommerferiengefühl ist mir, längst der Schule entwachsen, bis heute geblieben. Wehe der Gesetzgeber kürzt mir die Sommerferien, dies wäre ein verfassungswidriger Eingriff in mein Recht auf Freiheit.

Die flirrende Hitze des Sommers hat Heilkräfte. Die Spritze des Zahnarztes verscheucht den Schmerz, die Hitze des Sommers das Pflichtbewusstsein. Was hätte man nicht alles zu tun! Aber wurscht, haß is. Jetzt wird gedöst. Manche schaffen es freilich auch ohne große Hitze, die stets bohrende Betriebsamkeit zu betäuben. Dazu eine wahre Begebenheit.

Als Student habe ich in den Sommerferien in einem mittelalterlichen Dorf in Burgund mit anderen Jugendlichen aus aller Herren und Damen Länder gearbeitet. Einmal sollten wir eine hohe Steinmauer von Efeu befreien. Ein Bauer des Dorfes war ausersehen, zum Abtransport des Gestrüpps einen Anhänger beizustellen. Es war zwar Sommer, aber nicht allzu warm. Roger, so hieß der Auserwählte, stellte den Anhänger ab. Ich wollte ihm helfen, seinen Traktor vom Anhänger abzukuppeln. Dies in der Erwartung, Roger werde bis zum Befüllen des Anhängers wegfahren, um andere Arbeiten zu verrichten. Roger überlegte kurz. Resultat: der Traktor blieb am Hänger, sein Besitzer bettete sich auf eine kleine Steinmauer an der Straße und versank in einen mittelgradigen Schlummer. Wir werkten auf der Mauer, Roger ruhte.

Die Straße war leicht abschüssig. Nach einiger Zeit entschloss sich auch die Handbremse des Traktors sich – gleich ihre Herren – zu entspannen. Dies war freilich fatal. Das Gefährt begann nun, zuerst zögernd, sich in Richtung Tal zu entfernen. Wir, hoch auf der Mauer, erschraken, weckten Roger und erwarteten, dass er wie von der Tarantel gestochen dem Fuhrwerk nacheilen und das Gespann vor der dräuenden Katastrophe retten werde. Mitnichten! Roger hob kurz, aber langsam das schlaftrunkene Haupt und betrachtete mäßig interessiert die Todesfahrt, als ginge ihn das alles nichts an. Der Tod blieb aus. Ein Stein brachte eines der Vorderräder des Traktors in Unruhe. Der Traktor verließ, wie von Geisterhand geleitet, die abschüssige Straße, das Gespann blieb auf einem sanft ansteigenden Gegenhang ohne Handbremse und ohne Roger stehen. Roger schimpfte noch hinauf zu uns, weil wir ihn geweckt hatten, und bettete sich wieder zur Ruhe.

Soviel Gelassenheit, das geht nur im Sommer. Bei Roger vermutlich ganzjährig, er ist Franzose. Ich bin schon froh, wenn es mir wenigstens im Sommer gelingt einige Male in die Freiheit aufzubrechen.

44

Goldocker & Azurblau

Sommer – Miniatur / *1982* / *Gouache* / *Originalgröße*

Sonnenaufgang

Lautlos stiehlt der mächtige Glutball den errötenden Feldern die letzten Nachtschatten, bevor sie im gleißenden Licht ihre goldschimmernde Blöße dem Helios präsentieren.

Manfred .H. Bauch

Früher Morgen am Gaislberg / 1986 / Buntstift auf Pastellpapier / 61 x 40 cm

Verwunschen / 1987 / Buntstift auf Ingrespapier / 53 x 36 cm

Dachlandschaft – Drasenhofen / 1992 / Buntstift auf Ingrespapier / 66 x 45 cm

Lebende Architektur / 1981 / Ölkreide / 65 x 45 cm

Der Dornbusch (Steinbruch Falkenstein) / 1985 / Buntstift auf Ingrespapier

Meine Gedanken in Schöngrabern / *1983* / *Gouache*

Da stand auf einmal das Schloss! – Pellendorf / 1982 / Buntstift

Der Traum des Birkenwäldchens / 1983 / *Buntstift auf Ingrespapier*

Sommernachmittag

*Wie schön am sonnenwarmen Venusberg zu ruhen
und Lerchen beim Steigen zuzusehen.*

Manfred H. Bauch

Das Fließen und Wogen des sommerlichen Getreides / 1981 / Buntstift auf Ingrespapier / 68 x 44 cm

Bandornamente / 1986 / Ölkreide

ERNÜCHTERNDER PERSPEKTIVWECHSEL

Manfred H. Bauch

Die Enthüllung der „Kapellensäule" zum Gedenken an das ehemalige Dorfkirchlein von Kleinharras, fand an einem sommerheißen Sonntagvormittag statt. Für die Dorfbewohner, die damit auch das 825jährige Jubiläum der Gründung ihres Heimatortes feierten, war dies ein großer außergewöhnlicher Tag, der hier inmitten der Ortschaft unter freiem Himmel mehrere hundert Freunde und Bekannte aus nah und fern zur Feier der Festmesse zusammenkommen ließ. Der Segen des Bischofs für Bildstock und Ortsbevölkerung beschloss damit diesen ersten Teil des großen Festes. Die daran anschließenden Veranstaltungen stellten den ganzen Stolz der Dorfleute sehr deutlich zur Schau. Neben dem ausgiebigen Genuss von Weinen aus der Region „Matzner Hügel", Spanferkel, Musik und Tanz, stand als Höhepunkt des Nachmittags der Start eines Heißluftballons auf dem Programm. Je näher diese erwartete Sensation heranrückte, umso mehr steigerte sich die Neugier der großen feiernden Menge, war doch hierorts der Start eines solchen Luftfahrzeuges ein zwar noch nie dagewesenes Schauspiel, der tragische Absturz eines Ballons ein paar Jahre davor mit vier Toten und drei Schwerverletzten im Wald zur Nachbarortschaft aber noch immer in schlimmer Erinnerung geblieben.

Ganz langsam blähte sich die schlaff am Boden liegende rotseidige Ballonhaut auf, wurde riesengroß, um schließlich aufrecht inmitten der Zuschauer zu schweben. Da hatte bereits seit Mittag das Gerücht die Runde gemacht, dass gleich mehrere Starts, beziehungsweise Auf und Ab am Sicherungsseil stattfinden würden, damit möglichst viele Mutige das Spektakel auch physisch erleben könnten. Wie ein Magnet zog dieses Versprechen speziell Kinder und Jugendliche an, deren Schlange vor dem Ballon immer länger wurde.

Während er meist schon etwas weinlaunige Plaudereien, ab und zu auch ein interessantes Gespräch führen konnte, beobachtete der Künstler und Gestalter der neuen Kapellensäule das bunte Treiben aus sicherer Entfernung. Die plötzlich verlautbarte Aufforderung, dass die Honoratioren des Tages als Erstbesteiger des Ballonkorbes eingeladen waren – und der Künstler eben einer davon, machte ihm ziemlich Bange und ein schlechtes Gewissen den seit langem geduldig Wartenden gegenüber. Da es aber sein musste, bestiegen kurz darauf der Bürgermeister von Matzen, der Ortsvorsteher von Kleinharras, der Obmann des Verschönerungsvereins und er den Korb, in dem der Ballonkapitän bereits gewartet hatte.

Die Brenner über den Gasflaschen fauchten mit mehrmaligen Flammenstößen geräuschvoll auf, ganz im Gegensatz zum lautlosen Abheben des schweren Korbes von der Wiese und dem stillen Steigen des Blutdruckes der vier unvorbereiteten Herren. Ihre Beklemmung gekonnt verbergend blickten sie in die Runde der langsam immer kleiner werdenden enttäuschten Kindergesichter, die wieder einmal warten mussten, weil die Alten vorgereiht wurden.

In beruhigender Gleichmäßigkeit, die nur durch die zeitweiligen Feuerstöße der Gasbrenner unterbrochen wurde, entschwebten die Ballonfahrer am kräftigen Seil, welches die Gewissheit der baldigen Rückkehr sicherstellte, in den wolkenlosen Himmel.

Als der Ballonfahrer aber den Knoten dieses wirklich langen Seiles wortlos löste und auch noch ein paar Sandsäckchen mehr abwarf, überkam die somit „entführten" Mitfahrer ein kurzer Schauder. Mit dieser als Geschenk des Festtagskomitees gedachten Überraschung hatten sie nicht gerechnet. Nachdem man sich langsam wieder gefasst hatte und der Fahrer seine langjährige Erfahrung beteuert hatte, konnten sich die vier Herren wieder auf die Aussicht konzentrieren, deren Horizont sich stetig erweiterte und bis ins angrenzende Marchfeld blicken ließ.

Durch die plötzlich neue Perspektive erlebten die vier gestandenen und stolzen Weinviertler eine unerwartet ernüchternde Erkenntnis. Die sanften Hügel und Hänge ihrer Weinbergrieden wurden, je höher sie stiegen, immer flacher und flacher. Der geliebte Unterschied zum Marchfeld verschwand unversehens und die hügelige Landschaft entwickelte sich zur Landkarte aus gelben und grünen Flecken mit Punkten, Bändern und Linien. Ganz besonders den Künstler, der viele Jahre der subtilen Abbildung dieses Wesenszuges des Weinviertels, der weichen, ja fast weiblichen Landschaftsformen dieser Region gewidmet hatte, überkam trotz des erhabenen Blickes zur Erde ein Gefühl der Enttäuschung. Aus 1200 Metern Höhe konnte er keinen Unterschied zur Ebene des Marchfeldes mehr erkennen, die gewohnte Wahrnehmung der Raine und Fluren war von hier oben völlig verflogen.

Der Tag war heiß und fast windstill, deshalb war die geplante himmlische Rundfahrt über die Region ein vergebliches Unterfangen des Steuermannes. Wie gesagt, war der Ballon zwar in kurzer Zeit auf zwölfhundert Meter gestiegen, für die zwei Kilometer ins benachbarte Bad Pirawarth hatte es aber eine ganze Stunde gebraucht. Als der Künstler über den großen Hochleithenwald hinweg sein Haus in Wolkersdorf als kleinen Punkt erkennen konnte, nahm er sein Mobiltelefon zur Hand und rief seine Familie an, damit sie aus dem Fenster Richtung Norden schauen sollten, um ihm zuzuwinken. Die dazu Aufgeforderten, die sich wegen seines langen Fernbleibens bereits große Sorgen gemacht hatten und sich nun zum Narren gehalten vorkamen, taten dies erst, nachdem er sie überzeugen konnte, dass es kein frecher Scherz sei. Und tatsächlich erblickten sie aus dem Küchenfenster einen roten Punkt am strahlend blauen Himmel, mit dem er seine Unschuld wegen der großen „Verspätung durch Entführung" beweisen konnte.

Ganze vier Stunden dauerte das unerwartete aber einmalige Erlebnis. Die Landung in der Nähe des Abfahrtsortes, wo noch bis in die späten Abendstunden gefeiert wurde, war allerdings etwas unsanft. Der Korb war über eine kleine Böschung gekippt und nur der Künstler, der sich hinter den fülligen Bürgermeister gestellt hatte, war dadurch etwas weicher gefallen.

Tête-à-Tête / 1999 / Aquarell und Buntstift

Baumgekrönt oder still behütet / 1994 / Aquarell / 34 x 29 cm

Baumgekrönt oder still behütet

Versteckt / 1999 / Aquarell

Kellerdorf bei Ameis / 1981 / Buntstift auf Ingrespapier / 68 x 41 cm

FLÜCHTIGES

Martin Neid

Die folgenden Texte erheben keinen Anspruch. Es sind flüchtige Eindrücke. Auch mir wären sie längst entflohen, meiner Erinnerung entschwunden, hätte ich sie nicht kurz bevor sie verblassten festgehalten.

Es sind auch keine typischen Weinviertler Splitter. Außerdem, was heißt schon „typisch". Das ist auch so ein Gefängnis, geschuldet der Sucht alles einzuteilen, zu bewerten. Wenn Sie diese Sucht plagt, sage ich Ihnen gleich, Fünf-Sterngeschichten sind das nicht. Hoffentlich nicht.

Alles wird immer gewöhnlicher, gerade auch das Spektakuläre. Und weil alles immer gewöhnlicher, uniformierter wird, tut es gut, wenn die Uniform manchmal ein kleines Loch kriegt und etwas herausleuchtet. Das Leuchten ist zwar ganz schwach. Weil aber alles drumherum uniformgrau ist, nimmt man es doch wahr.

Die folgenden Flüchtigkeiten habe ich wahrgenommen und bewahre sie so vor dem Verglimmen.

ABENDSONNE

Ein altes Ehepaar in meiner Kanzlei. Der Übergabsvertrag für ihren Bauernhof soll unterfertigt werden. Beide gebeugt von jahrzehntelanger schwerer Arbeit. Schwielige Hände, die sich schwer tun den filigranen Stift zur Unterschrift zu führen. Sie sind müde, aber nicht vom Leben. Ihre Harmonie und Gelassenheit, ihre Zufriedenheit mit allem, wie es ist, berührt mich. Auch ihr Lebenswerk lassen sie ohne Krämpfe los. Freie Menschen.

Was sie machen werden, frei vom Joch der Arbeit frage ich sie. Und sogleich spüre ich, dass das mit dem Joch völlig unpassend ist. Für die beiden ist es keine erdrückende Last, kein Joch gewesen.

Die Frau antwortet mir: „Im Hof haben wir eine Bank, da ist es am Abend so schön sitzen. Immer wollten wir da am Abend sitzen und rasten. Jetzt, jetzt endlich werden wir Zeit haben dafür. Das wird schön". Der Ehemann ergänzt verschmitzt. „Ja, ich freu mich auch drauf.

Wir werden ja sehen, wie oft mich die Frau wegstampert".

STAMMTISCHBOSHEIT

Flirrend Sommerhitze. Ortsaugenschein auf einer schattenlosen Landstraße, umzingelt von Bohrtürmen. Der anstrengende Gerichtstermin erzeugt Durst. Ich fahre in den nächsten Ort in ein Wirtshaus. Eines, das alle erdenklichen Hässlichkeiten aufbietet. Zeit- und geschmackloses Resopal, ein Fußboden aus Holzimitat, die Schank bedeckt mit pflegeleichtem PVC. Der Wirt immerhin von ehrfurchtgebietender Unfreundlichkeit. Auch der Stammtisch hat Format. Drei Männer halten Stellung, zwei von ihnen im grünen Lagerhauszweiteiler. Alle drei vereint in grimmigem Schweigen und unverhohlenem Misstrauen gegen den fremden Eindringling.

Und es wird noch grimmiger. Kurz nach meinem störenden Eintritt dringt noch ein Fremdling ein. Und der wagt es sogar zu fragen. Nach der Adresse vom Herrn Frank. Wirt und Stammgäste verharren in feindlichem Schweigen. Der Fremde strebt verunsichert dem Ausgang zu. Einer vom Stammtisch erbarmt sich schließlich doch seiner.

„Zum Frank willst. Das ist ganz einfach. Du fahrst die Hauptstraßen hinunter. Die zweite Gassen links biegst ab. Dann fahrst immer grad weiter. Und dort, wo der Woditschka voriges Jahr den Kukuruz g'habt hat, biegst links ab". Jetzt löst sich das bedrückende Schweigen. Wirt und Stammtisch lachen kurz, laut und boshaft auf. Der Fremde entflieht entgeistert und grußlos.

MICHELSTETTEN

Romanische Wehrkirche, Weinviertler Juwel. Wieder einmal zieht es mich dort hin. In der Kirche sitzt ein Mann mittleren Alters. Auf dem Friedhof, der um die Kirche liegt, komme ich mit einer älteren Frau ins Gespräch. Ich beglückwünsche sie, eine so schöne Kirche im Ort zu haben. „Naja", meint sie, „klein is halt. Und so nackert. Überhaupt nix Goldenes hamma drin. Dafür gibts beim Putzen net so viel Arbeit."

Ins legendäre Wirtshaus gehe ich dann Mittagessen. Danach zieht es mich wieder in die Kirche. Der Mann sitzt noch immer in derselben Bank. Das Gold dürfte ihm nicht fehlen. Mir fehlt es auch nicht. Schön, dass die Kirche nackert is …

ALTHÖFLEIN

Kapellenberg Althöflein. Dort im Kulturstadl hatte ich mit „meinen" klassischen Musikern einen Auftritt. In der Pause blieben wir nur kurz am Büfett, dann durchwanderten wir den nächtlichen Kellerberg. Zuerst besprachen wir noch den zweiten Teil des Programms, aber bald verstummten wir. Der Ort hat uns fast gleichzeitig überwältigt. Ein wunderbarer Ort, eine archaische Kapelle am „Gipfel", fröhlich wuchernde Natur umschmiegt die Keller. Ja eh. Und? Ja, es waren magische Augenblicke. Könnte ich erklären warum, wäre es nicht gewesen, was es war. Probieren Sie aus, ob sie auch verzaubert werden.

KLEINER GRENZVERKEHR

Dem Paradies der Werktätigen war die Luft ausgegangen. Die „tote" Grenze zu der nicht vom Kommunismus erlösten Welt stand über Nacht offen. Die Kinder des Paradieses konnten nicht mehr durch Mauern, Stacheldraht und scharfe Waffen geschützt werden davor, aus Unachtsamkeit aus dem Paradies zu taumeln. Absichtlich wollte angeblich nie jemand hinaus, da es doch ein Paradies war. Von Milch und Honig floss es zwar nicht über, aber dafür von Unterdrückung, Zerstörung ... und am Ende von Lächerlichkeit.

So hob sich auch zum Weinviertel der „Eiserne Vorhang". Der Stammtisch in den Weinviertler Wirtshäusern, geübt in der Lösung selbst schwierigster Fragen aus Politik und Gesellschaft, war kurz sprachlos. Kurz! Nach einer Schrecksekunde brütender Ratlosigkeit erreichte die illustre Männerrunde wieder Betriebstemperatur. In einem wahren brainless-storming fand man Wege, der neuen Lage Herr zu werden. Die von drüben, „die Behm" (obwohl Mähren und nicht Böhmen sich an das Weinviertel schmiegt, aber was tut´s) sollen gefälligst daheimbleiben. Bis jetzt haben wir sie auch nicht gebraucht. Die eigenen Häuser müssen zu Festungen ausgebaut werden, um sie vor den armen Schluckern von drüben zu sichern.

Ein offenbar mit Karl Marx vertrauter Stammtischintellektueller lieferte dafür das ideologische Fundament und warf ein, da drüben die haben ja gelernt, dass Eigentum Diebstahl ist. Täglich neue Schauergeschichten müssen beim Stammtisch aufgearbeitet werden. Erregungs- und Trinkniveau erreichen höchste Höhen.

Anstatt aufzuleben, weil die tote Grenze zum Leben erwacht war, was bei einer Grenze doch bedeutet, dass sie keine mehr ist, wünschte sich der Stammtisch, und der Stammtisch war groß, die Grenze wieder zurück. Hätten die vom Stammtisch, und der Stammtisch war groß, den endlich freien Nachbarn in die Augen geschaut und nicht immer nur ins Glas, hätten sie ihre Arme und Herzen nur ein wenig geöffnet, hätten sie sich nicht mehr fürchten müssen und vielleicht sogar Freunde gewonnen.

Die Schauergeschichten blieben bloße Geschichten. Das Schreckensszenario blieb aus. Die Grenze blieb offen. Der Stammtisch blieb reserviert. Aber er änderte Blickrichtung und Strategie. Es erwachte die Neu-Gier. Nicht nach der bisher fremden Welt und ihren Menschen. Auch nicht nach der schönen, dem Weinviertel verwandten

Landschaft und nach den zauberhaften kleinen Städten. Nein, die Blicke hoben sich von den Gläsern zu Schaumrollen, Bier und vielem anderen, was da drüben viel billiger zu kaufen war. Auch auf mannigfache Dienstleistungen richtete sich der begehrliche Blick, zuvorderst auf solche, die selbst am Stammtisch der Diskretion bedurften. Als wesentliche Zuwaag konnte man drüben das grandiose Gefühl auskosten, der reiche Mann aus dem Westen zu sein. So manche von drüben werden sich deshalb wohl wieder die Grenze gewünscht haben. Undurchlässig für die Protzmäuler von der anderen Seite.

Damit die ganze Geschichte nicht nur moralinsauer ist, zum Schluss eine Stammtischepisode. Eine kleine Wiedergutmachung für die Sünden des Stammtisches.

Wieder einmal ging es hoch her am Stammtisch. Die einzelnen Referenten erstatteten Bericht über ihre letzten Kauf- oder eher Raubzüge. Einer von der Runde tat dabei mit unverhohlenem Stolz kund, er habe in Znaim ein Radio gekauft, um mehr als die Hälfte billiger als ein vergleichbares Gerät in Österreich. Raunende Zustimmung. Nur einer hakt besorgt nach: „Ist das ein tschechisches Fabrikat?" Der stolze Radiobesitzer: „Na sicher. Drum war er ja so billig!" Der besorgte Stammtischbruder: „Sag einmal, spinnst? Was machst denn du mit an tschechischen Radio. Die reden ja tschechisch!"

Der Schnäppchenjäger erblasst: „A so a Schas. An des hab i net dacht". Der Stammtisch erzittert in einem fast einstimmigen Lachfortissimo.

HERBST

Herr: es ist Zeit. Der Sommer war sehr groß.
Leg deinen Schatten auf die Sonnenuhren,
Und auf den Fluren laß die Winde los.

Rainer Maria Rilke

Ich kann dieser ersten Strophe und vielen anderen schönen Gedichten über die Farben des Herbstes keine annähernd so stimmigen und ergreifenden Bilder hinzufügen. Der Maler schon. Darum folgen jetzt Bilder von Manfred, Bilder vom Herbst im Weinviertel.

Aber ein Geständnis muss ich machen. Der Herbst ist meine große Liebe. Und darum wende ich mich der Geliebten gleich direkt zu. Ich weiß, ich weiß, in den meisten Sprachen sind die Jahreszeiten maskulin konnotiert. Eine Machtfrage. Die Jahreszeiten sind lauter Mädchen oder Frauen. Du Geliebte bist ein melancholisches slawisches Mädchen.

Deine Farben in den goldenen Tagen. Die Tage, an denen die Farben im Nebel verblassen. Und schließlich die Tage des widerstandslosen Fallens der Blätter. Wer sich da nicht verliebt.

Mit der großen Liebe prahlt man nicht. Damit Du Dich nicht genieren musst, werde ich versuchen Überschwang zu vermeiden. Bevor diesen Text der Lektor kriegt, geb ich ihn Dir nochmals zum Durchlesen. Hoffentlich streichst Du dann nicht alles. Naja, auch gut. Dann kommt halt obiges Gedicht im ganzen Wortlaut statt meinem verliebten Gesäusel. Und das kann Dir egal sein. Denn dieses Gedicht ist schon tausende Male gedruckt und gelesen worden. Und es schmeichelt Dir. Zu Recht. Gib´s zu, das tut Dir gut.

So, ich schwärm jetzt nicht, ich sage Dir Dank. Du hast einmal ein Buch gerettet, für das ich vier Texte zu verfassen hatte. Die Muse, eine launenhafte Diva kam und kam nicht zu mir. Fünf Tage hatte ich noch Zeit die Texte zu liefern. Etliche dicht beschriebene Papierknäuel waren schon im Papierkorb gelandet. Wäre ich nicht Fußballtormann gewesen und daher mit relativ erschütterungsfreien Nerven gesegnet, wäre ich in Panik verfallen.

Ich entschied, Frau, Kindern und Kanzlei für drei Tage zu entfliehen und fuhr nach Slavonice in Tschechien, in einen Ort herbstlicher Gelassenheit. Dort kannte ich schon eine Pension in einem wunderschönen alten Haus, die Zimmer teilweise mit Renaissancefresken. Auf dem Weg dorthin hörte ich Schuberts letzte Klaviersonate, eine Droge die locker drei Musen ersetzt.

Kaum angekommen hatte mir Schubert schon den ersten Text eingeflüstert. Fürs Erste erschien mir das genug. Ich spazierte durch den Ort, der in ein wehmütig stimmendes herbstliches Licht getaucht war. Als die Sonne ihr Leuchten langsam zurückzog, zog es mich in ein Wirtshaus. Bewusst suchte ich eines, das nicht in Gefahr war, das erste Haus am Platz zu werden. Ich war der einzige Gast. Die Kellnerin, das Essen weniger, zog mich in ihren Bann. Ihre traurige Freundlichkeit berührte mich. Hübsch war sie auch. Und schon drängte der zweite Text zur Füllfeder. Die herbstliche Sonne und das melancholische Mädchen haben mir die Gedanken dafür geschenkt. Muse, Du kannst Dich brausen, ich brauch Dich nicht.

Spät nachts lockte mich der Herbst wieder vor das Haustor. Die Stadt war menschenleer, auch in meinem Wirtshaus brannte kein Licht mehr (hinschauen wird man ja noch dürfen!). Dafür war der Himmel voll von Sternen. Der Mond streichelte die alten Häuser mit seinem rücksichtsvoll schwachen Licht. Wäre ich nicht zu spärlich gekleidet gewesen, ich hätte Stunden in den dunklen Gassen verbracht, die jetzt nur mir gehörten. Vielleicht war das gut so. So viel Nähe wäre Dir, meine Geliebte, wohl zu viel gewesen.

Schon am ersten Tag zwei Texte, die auch beim Durchlesen am Morgen danach noch vor dem Autor Bestand hatten. Geschlafen habe ich allerdings nicht gut. Das Bett hatte einen gewaltigen Durchhänger. Das Kreuz tat mir weh. Aber dafür konnte der Herbst, meine Geliebte nichts. Oder war das Bett Teil Deines Planes? Denn das Bett trieb mich früh aus Federn und Haus. Zum Glück! Der von schönen alten Häusern umschlossene Platz war in Nebel gehüllt. Ein Nachtschwärmer kreuzte meinen Weg, dann war ich allein in den vom Nebel weichgezeichneten Straßen. Ich sog die Stimmung auf, bis die Sonne den Nebel langsam auflöste, um alles wieder in das farbgesättigte Herbstlicht zu tauchen. Und schon war mir der dritte Text mühelos zugefallen.

Nachmittags wollte ich mir eine Pause gönnen. Schließlich hatte ich noch fast zwei Tage Zeit für Nummer Vier. Aber Geliebte können auch streng sein. Am Nachmittag regnete es. Die Zuflucht in mein Wirtshaus schlug fehl. Meine melancholische Kellnerin hatte frei. Es regnete auch am Abend. Ich ging früh zu Bett. So müde, dass mich dieses Mal das Bett nicht am Schlaf hindern konnte. Der vierte Text gelang in Slavonice nicht mehr. War auch nicht schlimm. Mein Abgabetermin war in der Zwischenzeit wieder einmal vom Verleger verschoben worden oder ohnehin nur vorgetäuscht, um mich anzuspornen.

Danke Herbst, Du meine große Liebe, das hast Du großartig gemacht. Nur eines frag ich Dich schon. Warum war es am dritten Tag so regnerisch und windig? Auf den einen Tag ist es Dir angekommen? Aber Du hast ja recht. Auch ein solches Wetter gehört zu Dir und ist schön, herbstschön. Außerdem, auch in einer Liebesbeziehung regnet und stürmt es manchmal. Sei also beruhigt, Du bleibst meine große Liebe!

Keine andere Jahreszeit ist so wie Du imstande, das Herz zu berühren, zu trösten und zu lösen, was in uns hart geworden ist. Schon von Kindheit an habe ich Deine Heilkraft gespürt. Als ich zum ersten Mal die Erfahrung eines schmerzlichen Verlustes durchleben musste, hast Du mein Herbst, meine Herbstin, mich getröstet.
Wenn Du mit letzter Kraft die Sonne zum Leuchten bringst, spürt man, dass etwas zu Ende geht. Und dass dies ohne Gegenwehr geschieht. Ergeben, gelassen. Diese Gelassenheit steckt mich jedes Jahr von Neuem an und hilft mir, das eigene Vergehen geschehen zu lassen.
Keine Zeit hat ein so schönes Licht wie Du. Keine andere Jahreszeit hilft mir wie Du beim Leben, obwohl oder weil Du langsam immer müder wirst. Du bist ein Heilmittel. Jedes Jahr sollten wir die Beziehung mit Dir pflegen, damit wir uns lösen von allem, was uns hart macht, damit wir uns selbst und andere nicht verletzen.

Jetzt habe ich doch noch geschwärmt. Na und! Ich bin ja verliebt in Dich.

74

Von Polychrom bis Bernsteinfarben

Herbst – Miniatur / 1987 / *Gouache* / *Orig. Gr.*

Marchfeld / 1987 / Tempera u. Buntstift / 61 x 40 cm

Spätherbstliches Feuer in Groß-Schweinbarths Weingärten / 1980 / Buntstift

Leuchtend bunt / 1992 / Aquarell / 42 x 29 cm

Der Junge und die Alten / 1983 / Buntstift auf Ingrespapier

Lichtarchitektur – Marchfeld / 1990 / Buntstift auf Pastellpapier

Die Eberesche / *1985* / *Buntstift*

Grafensulz im Weinviertel / 1981 / Buntstift auf Ingrespapier / 48 x 33 cm

84

AUS DER NACHT GEHEN für Walter Adam

Martin Neid

Wenn die Nacht an den Tag stößt, durch das Dorf gehen. Im Winter, wenn der Mond das schneebedeckte Land verzaubert.

Es fällt schwer, die schützende Hülle des warmen Bettes abzustreifen und in die beißende Kälte der Nacht zu gehen.

Doch kaum trete ich aus dem Tor, schon beginnt die Kälte meinen Kopf von den Gespenstern der Nacht zu befreien. Die quälenden Sorgen gefrieren.

Der Weg führt zuerst die Hauptstraße entlang. Am Tag ist sie ein Ort der Unruhe, des lauten Treibens. Jetzt ist sie leer, dunkel, still. Nur der Schnee knirscht bei meinen Schritten.

Doch schon das Wissen darum, dass hier bald die Geschäftigkeit des Tages einkehren wird, treibt mich voran. Es zieht mich nach Hintaus, ins Paradies. Ja, Hintaus das ist ein Stück vom Paradies, das Gott nach dem Sündenfall den Dörfern des Weinviertels geschenkt hat. Aus Mitleid mit uns Vertriebenen.

Hintaus, dieser wunderbare Ort der Schwerelosigkeit und des Absichtslosen. Ein Paradies halt. Selbst jetzt, nein gerade auch jetzt, in der Erstarrung des Winters.

Sanft ansteigende Felder, weichgezeichnet vom Schnee. Eine Landschaft, der man ansieht, dass sie nicht erobern, nicht überwältigen will.

Die Keller. Im matten Licht des Mondes berührt mich ihre karge Schönheit noch mehr als im grellen Licht des Tages.

Und so gehe ich immer weiter, trunken von so viel Schönheit und Harmonie.

Am Tag, zugeschüttet von bombastischen Eindrücken, sind Auge und Herz getrübt und bin ich meist unfähig, all das wahrzunehmen, was mich jetzt beglückt. Und mit einem Mal überkommt mich ein Gefühl tiefer Dankbarkeit. Ich bin dankbar dafür, dass mich meine Füße tragen. Dankbar, zu dieser Stunde hier allein zu gehen, ohne Angst haben zu müssen. Dankbar über den Himmel voll von Sternen und nicht von Leuchtfeuern des Krieges. Wunschlos dankbar. Und es kommt mir der Satz in den Sinn: Nicht die Glücklichen sind die Dankbaren, sondern die Dankbaren sind die Glücklichen.

In der Helligkeit des Tages werden alle unerfüllten Wünsche wieder das Herz schwer machen. Jetzt schweigen sie. Vielleicht schämen sie sich. Die Begierden haben jetzt keinen Platz in der Dankbarkeit, die alles in mir ergreift.

Bald schon bricht der Tag an und mit ihm der Lärm, die Ruhelosigkeit, die ewige Unzufriedenheit. Die Dankbarkeit wird wegschmelzen wie der Schnee auf den Dächern.

Aber noch gehe ich. Von der Nacht in den Morgen.

Viele Bilder dieser Wanderung möchte ich noch niederschreiben, aber die Worte, die ich mühselig dafür zusammenklaube, sind nicht schön und stark genug für das, was ich sehe und empfinde, ja eben zu nieder, um sie zu schreiben.

Bitte geh' selber, Du brauchst dann meine Worte nicht und wirst auch sprachlos werden.

Der erste Hauch der Morgendämmerung legt sich über die Fluren. In der Ferne mahnt die Uhr vom Kirchturm zur Rückkehr. Meine Finger sind bocksteif, aber mein Herz brennt.

Und plötzlich ist sie da, die Sonne und bringt den Schnee zum Leuchten. Schon hatte ich die Schritte beschleunigt.

Aber das Schauspiel des erwachenden Tages, das ich Tag für Tag verschlafe, zwingt mich noch einmal zum Innehalten. Der Mond zieht sich langsam zurück, den Strahlen der Sonne ist sein geborgtes Licht nicht gewachsen.

Und wieder fehlen mir die Worte für die Reinheit und Klarheit dieses Wintermorgens.

Als ich die Hauptstraße erreiche, sehe ich schon etliche erleuchtete Fenster in den Häusern. Auch in unserem Haus brennt Licht. Meine Frau, wie immer längst aufgestanden, aber heute – wie ganz selten – nach mir, lacht über meine rote Nase und staunt über mein strahlendes Gesicht.

„Morgen gehen wir alle zwei zur gleichen Stunde", rufe ich ihr zu.

Wir sind nicht gegangen. Mehr als vier Jahre sind schon vergangen und auch allein habe ich diese Wanderung nicht wiederholt. Meine Füße tragen mich noch immer, noch immer fallen keine Bomben vom Himmel, Mond und Sonne verzaubern noch immer Nacht und Morgen, sogar Schnee gibt es manchmal noch im Winter.

Warum gehe ich dann nicht? Weil ich doch ein Kind meiner Zeit bin, also unfähig zum Glücklichsein.

Geh Du wenigstens. Eine einsame Wanderung in den anbrechenden Tag wird Dir nicht die Schwere des Lebens auflösen. Wenn Du das erwartest, bleib im Bett. Aber mit jedem Schritt, jedem Blick wirst Du Schönheit trinken und wird Dich Dankbarkeit erfüllen. Geh!

Höchstwahrscheinlich wird die Sonne morgen aufgehen. Für Dich: Aber nur wenn Du Dich zeitgerecht auf den Weg machst.

WINTER

Man soll nur schreiben von dem, was das Herz berührt. Der Winter in den mit Skiliften übersäten Bergen, die mich stets an Hamsterräder erinnerten, zählt nicht dazu. Diese Winter hätten mich nie vom Ofen weggelockt. Hätten! Denn auch ich habe den skialpinen Winter absolviert. Österreichische Kinder waren – zumindest in den 80er und 90er Jahren des letzten Jahrtausends zu Schifahrern auszubilden. Eltern, die sich diesem Diktat entzogen, hatten ein wesentliches Erziehungsziel verfehlt. Da wir fünf Kinder haben, waren wir oft Schifahren. Erst als der Jüngste besser fahren konnte als der Vater, kein allzu schweres Unterfangen, konnten wir den für mich beschwerlichsten Teil der Erziehung abschließen.

Ja, ich bin borniert und habe auch noch nie einen vom Skifahren befreiten Winter in den Bergen erlebt. Aber bitte, selbst der weltoffene Autor Robert Menasse ist gleich mir der Meinung, dass Berge ein Irrtum der Natur sind. Ich bitte daher um Nachsicht.

Das Einzige, was ich am Winter früher gut fand, war, dass der ersehnte Frühling umso schöner war, je länger der Winter mich gequält hatte. Nicht gerade eine Schmeichelei für den Winter. Mittlerweile habe ich den Winter – also den skiliftfreien – längst ins Herz geschlossen. Und weil ich ihm so lange die kalte (!) Schulter gezeigt habe und mich das Gewissen plagt, widme ich ihm in diesem Buch gleich zwei Texte. Dem Winter im Weinviertel mit dem Text „Aus der Nacht gehen" und diesen Text über eine Winternacht in Prag:

Zu später Stunde mache ich mit meinem Freund Hermann einen Spaziergang in Prag, während unsere beiden anderen Pragsüchtler sich in einem Bierlokal verschanzen. Es ist eine bitterkalte Winternacht. Am Tag war Schnee gefallen. Der Mond taucht die Gassen, dort wo sich ihm der Schnee darbietet, in ein fast unwirkliches Licht. In den engen Gassen, in denen der Mond den Schnee nicht erreicht, sorgen vereinzelte Straßenlaternen dafür, die Dunkelheit zu verzaubern. Die Altstadt ist menschenleer. Es herrscht eine Stille, die auch uns verstummen lässt. Eine Stille, nur von Zeit zu Zeit durchbrochen von den Glockenschlägen der Kirchen. Längst ist uns kalt. Als wir das Hotel erreichen, blicken wir einander kurz an … und gehen weiter. Nicht ins Hotel sondern zum Altstädter Ring (Staroměstské náměstí), einem Ort, selbst im Lärm des Tages von unwiderstehlicher Anziehungskraft. Die Gewissheit, dass er jetzt leer ist, lässt uns ahnen, was uns erwartet. Der Winter bietet nun alles auf, was ihm zu Gebote steht. Als wir den Platz betreten, ist alles noch unwirklicher, noch schöner als erhofft. Zuerst ist es der Mond, der alles und uns verzaubert. Dann zieht der

Winter einen Wolkenvorhang auf. Der Mond tritt ab und es beginnt zu schneien. Sanft und leicht. Die Fassaden verschwimmen, nur die auch des Nachts beleuchtete Teynkirche durchstrahlt den fallenden Schnee. Satt von den Bildern und Eindrücken kehren wir spät, der Uhrzeit nach früh, ins Hotel zurück. Schweigend, weil sprachlos. Und durchfroren.

Nur der Winter ist zu solchem Zauber imstande. Und dem Winter gelingt es auch, unseren langjährigen Streit zu befrieden. Wenngleich nur für eine kurze Nacht. Die Wärme des Hotels löst unsere Stimmen und ganz leise gesteht mir Hermann: Ja, Du hast recht, Prag und nicht Wien ist die schönste Stadt der Welt. Kaum ist er sich der Tragweite dieses Geständnisses bewusst, fügt er hinzu, es könne freilich sein, dass er es im Licht des Tages widerrufen werde. Hat er auch. Schon als wir uns beim Frühstück wieder trafen. Aber diese Sternstunde hat er in seinem leider so kurzen Leben nicht mehr vergessen. Und auch bis heute nicht. Danke Winter!

Noch etwas will ich Dir, Winter sagen. Du bist für uns rasende Konsumsüchtler und Gefangene einer sinnentleerten Leistungsgesellschaft die wichtigste Jahreszeit. Wenn Du kommst, wird es stiller. Wenn Du da bist, rastet die Natur und verbirgt ihren Reichtum. Bei Dir erwacht die Sonne spät und verlässt uns früh am Nachmittag.

Und Du gemahnst uns an die Vergänglichkeit, an den Tod. An den Tod, der neues Leben in sich birgt. Stille, Innehalten, Dunkelheit, Tod. Sie alle sind in unserem Lebensmodell nicht vorgesehen. Sie alle sind Sand im Getriebe. Getriebe in einer Maschine, die unsere Welt an die Wand fährt.

Lieber Winter, wir brauchen Dich. Hoffentlich lässt Dich der Klimawandel, also hoffentlich lassen wir Dich am Leben! Damit Du uns ans Sterben erinnerst. Wir leben dann leichter.

90

Eisblau, Schiefergrau & Anthrazit

Winter – Miniatur / 1981 / Gouache / Originalgröße

DER WEINVIERTLER ADVENTKALENDER

Dr. Werner Galler, 1980

Das Kalendermotiv zeigt ein Idealdorf, ein Dorf, welches noch ein intaktes Ortsbild aufweist, ein Dorf im sanft gewellten Hügelland des Weinviertels. Wir sehen die aus den Kellergassen hinausführenden Hohlwege, kleine Gehölz- und Buschgruppen und einen der vielen Bildstöcke am Ortsrand. Der Dorfkern duckt sich hinein in eine Senke, wie es sich im Land der „versunkenen" Dörfer gehört, während Kirche, Pfarrhof und wenige Häuser darüber auf einer leichten Anhöhe liegen. Der Kirche sehen wir ihre Wehrhaftigkeit an, ihr Turm gleicht einem Bergfried, ihr unprätentiöser Turmhelm ist aus Stein. Die Häuser, so individuell sie auch aussehen, stehen in ähnlichen Bau- und Grundrissformen aufgereiht wie die Keller und Presshäuser. Sie sind nur im Ensemble denkbar, nicht als Einzelhöfe. Aus ihren verwandten Dachformen ragt nur ein „besseres" heraus, der Pfarrhof links von der Kirche. Die Höfe sind größtenteils die charakteristischen Streck- und Zwerchhöfe. Den rechten Dorfrand bildet eine der häufigen Stadelzeilen.

Im Hof in der Bildmitte sieht man nicht nur die überdachte „Trettn", den Seitenlaubengang, der einen Ställe und Wirtschaftsgebäude trockenen Fußes erreichen lässt, auch auf die Hundehütte und den Röhrenbrunnen mit dem langen Schwengelarm und dem Steingrand wurde nicht vergessen.

Der Weinviertler Adventkalender / 1980 / Tempera auf Malkarton

Dieses Kalenderbild war bereits auf mehreren Ausstellungen zu sehen. Dabei konnte ein interessantes Phänomen beobachtet werden: Manche Besucher glaubten, ein ihnen bekanntes und vertrautes Dorf zu erkennen. Dies kommt sicher nicht daher, dass die Weinviertler Dörfer einander recht ähnlich sind, sondern hat seinen Grund vermutlich darin, dass es all die dargestellten Bauten wirklich gibt. Der Künstler hat sie bei seinen zahlreichen Studien für dieses Bild im Weinviertel gesehen, nur nicht in ein und demselben Ort. Die Kirche erinnert an Drösing bzw. Großkrut, der Pfarrhof an Kronberg, der Stadel im Vordergrund rechts ähnelt denen in der Gegend von Mistelbach, Wolkersdorf usw.

Die Speicherbauten in der Mitte der Kellergasse vereinigen Keller, Presshaus und – im Obergeschoß – den Kornspeicher. Sie sind typisch für die Poysdorfer Gegend, während das Presshaus mit den Tagesfensterchen 4, 7 und 17 bei Hadersdorf am Kamp zu finden ist. Die einfachen Kellerbauten sind im Raum um Kronberg, Mailberg und Retz zu sehen. Der gemauerte weiße Bildstock mit seiner Kreuzesform steht in den Weingärten bei Martinsdorf. Er ist ein beredtes Zeugnis für die Volksfrömmigkeit früherer Generationen und das großartige Formempfinden jenes Maurers.

In den 25 Tagestürchen des Kalenders befinden sich Illustrationen des entsprechenden vorweihnachtlichen Weinviertler Brauchtums.

Wächter der Unterwelt / 2009 / Aquarell

Kellerdorfplatz – Ollersdorf / 1992 / *Aquarellfarbe und Buntstift* / 45 x 29 cm

Klirrende Kälte in Groß-Schweinbarth / *1983* / *Ölkreide*

Kalter Wind – Groß-Schweinbarth / 1982 / Buntstift auf Ingrespapier

Marterl bei Schrick / 1983 / *Buntstift*

Im Verborgenen / 1992 / Buntstift und Aquarellfarben / 38 x 26 cm

Scheideweg / 1985 / Buntstift auf Ingrespapier

Im Hohlweg / 1985 / *Buntstift* / *41 x 23,5 cm*

Dachlandschaft / *1987 / Tempera und Buntstift / 46 x 25 cm*

„Ein-frieden", – Groß-Schweinbarth / 1985 / Buntstift auf Ingrespapier

Der Schutzpatron / 1986 / Buntstift auf Ingrespapier   Lichtgeflecht / 1988 / Buntstift auf farbig gestrichenem Papier / 49 x 41 cm

Wohin des Weges? / 2009 / Aquarell / 26 x 20 cm

Kellerberg Kollnbrunn / *2004* / *Aquarell*

108

KLEINE WEINVIERTLER KUNST- & KÜNSTLERGESCHICHTE

Manfred H. Bauch

Es geschah im Jahr 1929, als unweit von Wien, in dem kleinen Weinviertler Bauerndorf Kronberg, zwei ganz besondere Sprösslinge das Licht der Welt erblickten. Der eine war just am Muttertag geboren und als Hermann getauft worden, der andere, ein Rudi, ein paar Wochen später. Bereits im frühen Knabenalter verband die beiden neben der Freundschaft eine außergewöhnliche Gabe, die ihnen in die Wiege gelegt war – das Talent des Zeichnens. In der Volks- und später Wolkersdorfer „Bürgerschule" waren sie in diesem Unterrichtsfach die absoluten Matadore, was ihnen im Beliebtheitsgrad bei den Mitschülern eine äußerst positive Stellung bot. Selbst der Zweite Weltkrieg konnte sie von ihrem zeichnerischen Tun nicht abhalten, und sobald diese Katastrophe beendet war, wollten sie ihre Begabung weiter ausbilden lassen. Bereits ab Herbst 1945 fuhren die beiden 16-Jährigen regelmäßig mit dem Fahrrad ins bombenzerstörte Wien, wo sie im 7. Bezirk, in der Westbahnstraße die alte „Graphische" besuchten. Auch dort zählten sie bald zu den besten Schülern und genossen den Unterricht, der ganz auf sie zugeschneidert schien.

Da eine Friedenszeit nach einem schlimmen und desaströsen Krieg ja nicht von heute auf morgen anbricht, war eine weitere begabte Schülerin erst im darauffolgenden Frühjahr in dieser Klasse der Graphischen angekommen. Sie hieß Editha Pentz, war eine Wienerin und da sie etwas älter war, erst spät aus den Kriegswirren in ihre desolate Heimat zurückgekehrt. Die Burschen, von denen hier erzählt wird, hießen übrigens Hermann Bauch und Rudolf Goessl. Bereits im dritten Schuljahr hatten sich die engen freundschaftlichen Beziehungen der beiden jungen Männer mehr und mehr gelöst, der künstlerische Individualismus war zu stark geworden. Wohingegen die Bande zwischen Bauch und Pentz immer enger wurden. So sehr, dass sie bald als „das Paar" schlechthin galten, was sie nach der Meisterklasse mit ihrer Eheschließung im Jahr 1951 auch offiziell bestätigten. Als fleißiges Grafiker- und Künstlerehepaar begannen sie in den wirtschaftlich schwierigen Nachkriegsjahren im gemeinsamen Atelier im 8. Bezirk die Grundlagen für eine erfolgreiche künstlerische Karriere zu schaffen.

Der Einzelgänger Goessl hingegen arbeitete ursprünglich zum Broterwerb als Grafiker und Schaufenstergestalter in der Wiener Innenstadt, heiratete 1953 eine Wiener Modeschöpferin und unternahm zahlreiche Studienreisen. Als Boeckl-Schüler an der Wiener Akademie begann auch ein freundschaftliches Verhältnis zu Fritz Wotruba und dem Kreis der jungen Künstlerkollegen. Ein kurzer Aufenthalt im künstlerisch avantgardistischen New

York war dann prägend für sein weiteres Schaffen und ließ ihn im Lauf der Jahre und in aller Stille zu einem in Fachkreisen höchst anerkannten Maler werden.

Bauch, der wesentlich praxisbezogener agierte, hatte einige unterschiedliche Fachausbildungen gemacht und die Akademie nur kurz besucht, während seine Partnerin kalligraphische Arbeiten ausführte. Schließlich begann er im selben Haus eine künstlerische Werkstätte für Mosaik und Glasfenster einzurichten. 1960 zählte sie bereits fünf Mitarbeiter und führte sowohl eigene als auch Arbeiten nach Entwürfen von Künstlerkollegen aus. Privat wurde die glückliche Verbindung mit ursprünglich drei Kindern gesegnet, denen fast 10 Jahre später noch ein Viertes folgen sollte.

Als Erster kam 1953 ein Sohn zur Welt – Hermann, der zukünftige Junior. Wie man schon ein paar Jahre später feststellen konnte, war auch er mit einem künstlerischen Talent ausgestattet, was die Bindung an den Künstlervater noch verfestigte. Ein halbes Jahrhundert später erinnert sich der Sohn an eine Begebenheit aus seiner Kindheit:
Wir lebten damals in der Josefstadt, als mein Vater eines Tages zu mir sagte: „Kumm Hermann, heut fahr ma in die Brigittenau, da gibt's was Interessantes zum Erleben!" Nur bruchstückhaft taucht das Bild wieder vor mir auf, wie wir dort vor einem Haus in einer breiten grauen Gasse angekommen waren. Als kleiner Knirps hatte ich mich durch eine Menschenmenge gezwängt und mich zielstrebig zu einem geöffneten Kellerfenster durchgearbeitet. Dort konnte ich endlich sehen, was im Keller vor sich ging. Auch unten standen Menschen, wovon einige sich rund um ein geschlachtetes Lamm bewegten, das kopfüber von einem Holzgerüst hing. – Nichts besonders Ungewöhnliches für mich, war ich doch schon ein paar Mal beim „Sauschlachten" im Hof bei meinen Großeltern in Kronberg dabei gewesen, was damals noch ziemlich archaisch durchgeführt wurde. Und dann hat sich mir noch das „tatü - tatü!" einer Sirene der herannahenden Polizei eingeprägt und dass mich mein Vater kräftig an der Hand nahm und im lauten Getümmel rief: „Kumm Hermann, jetzt geh' ma wieder!"

Erst dreißig Jahre später wurde dem Junior in einer Ausstellung im Wiener Zwanz´ger Haus (heute 21er Haus) zum Thema: „Gesamtkunstwerke" klar, dass er als sechsjähriger Bub bei der Zweiten Aktion des jungen Aktionisten Hermann Nitsch dabei gewesen sein musste.

Als 13-Jähriger durfte er dann bereits gemeinsam mit dem Senior diverse Künstlersymposien besuchen und deren damalige niederösterreichische Kollegenschaft kennenlernen. In den 60er Jahren waren Künstler hierzulande noch etwas Besonderes und im Vergleich zur Gegenwart eher rar im Land verteilt. Bei einem dieser mehrere Tage dauernden Zusammenkünfte, die hauptsächlich dem Zeichnen und Malen unter freiem Himmel gewidmet waren, hatte sich eine bereits ältere Malerin besonders um den Buben angenommen und ihm einiges für ihn Neues im Umgang mit den Farben beigebracht. Es war die aus Poysdorf stammende Maria Ohmeyer, schon damals eine anerkannte Malerin *(1983 verstorben)*. Aber auch Karl Heigl, Franz Kaulfersch und sehr wahrscheinlich auch Franz Kaindl kümmerten sich um den Buben, während der Vater seine Zeit eher dafür nutzte, um die umgebenden Orte nach möglichen Aufträgen für seine Werkstätte sowie nach Artefakten für ein zukünftiges Kronberger Himmelkeller Museum zu erkunden.

Im legendären Jahr „68", als der erste Mensch am Weg war den Mond zu betreten, die Jugend der westlichen Hemisphäre den friedlichen weißen Rauch dem Vietnamkrieg entgegensetzte und die Sowjetunion samt Armee die brüderliche Verantwortung für die Tschechoslowakei allzu ernst nahm, wechselte der Junior vom Gymnasium ebenfalls in die Graphische, deren Neubau sich zu diesem Zeitpunkt bereits in Hütteldorf befand. Es folgten fünf Jahre einer unglaublich glücklichen Zeit, in einer Klasse deren Freundschaften zum größten Teil auch 50 Jahre nachher noch so verbinden sollten, als wäre die Zeit damals stehen geblieben. Bald nach der Meisterklasse erfolgte die bereits längst überfällige Abnabelung und Trennung vom bewunderten Künstlervater welcher mittlerweile samt Atelier und Werkstätte in seine Weinviertler Heimat zurückgekehrt war. Auf der Suche nach dem Selbst, führten ihn seine weltoffenen, nun eigenen Wege, bis nach Japan. Nach der Rückkehr 1977 befand aber auch er das Weinviertel als seinen Bestimmungsort, von wo aus seine künstlerische Entfaltung beginnen sollte. Groß-Schweinbarth hieß dann für 20 Jahre diese neue Heimat.

Im Nachbarort Bad Pirawarth fand Bauch Junior im Eisenplastiker und Schmied Walfrid Huber seinen geschätzten Mentor, der ihn in künstlerischen Fragen jahrelang mit Freundesrat begleitete. Der zugezogene Huber war ein ehemaliger „Kesl-Schüler" an der Wiener Akademie. wie Prof. Hans Knesl, der in Bad Pirawarth geboren wurde und hier bis 1971 gelebt hatte, war später auch Walfrid Huber Dozent an der Akademie und hielt seine Schmiedekurse viele Jahre lang in der „Alten Schmiede" in der Wiener Bäckerstraße. Heute erinnert im ehemaligen Kurort ein interessanter Skulpturenpark mit eindrucksvollen Figuren und Plastiken an den großen österreichischen Bildhauer Knesl.

Langsam bildete sich seit Mitte der 70er Jahre auch im Weinviertel ein Netzwerk von Beziehungen unter Kulturinitiatoren und Künstlern, als dessen treibende

Kräfte neben dem Journalisten Dr. Manfred Jasser der Mistelbacher Augenarzt Prim. Dr. Peter Kenyeres galten. Kenyeres war Mitbegründer und viele Jahre auch Obmann der „Aktion M" in Mistelbach und gemeinsam mit dem Grafiker Ferdinand Altmann Organisator von Symposien und vieler Ausstellungen im dortigen „Barockschlössl". Dies führte letztlich dazu, dass Mistelbach zum Weinviertler Standort einer „blau-gelben Galerie" wurde. Dr. Kenyeres, Dr. Jasser und Altmann waren auch die Herausgeber der informativen und inspirierenden Schriftenreihe „Das Weinviertel", in deren Band 6 „Künstler im Weinviertel" erstmals die Kunstschaffenden dieser Region erfasst und dargestellt wurden.

Ein Grund der zahlenmäßigen Zunahme an Künstlerwohnsitzen in diesem damals noch ziemlich unbekannten, im Norden und Osten von einem eisernen Zaun umschlossenen, rein bäuerlichen Landstrich, war die äußerst günstige Wohn- und Arbeitssituation, da entsprechend geräumige Ateliers in der nahen Metropole immer teurer wurden. Hier aber war viel Platz und Ruhe und kaum Ablenkung vom künstlerischen Schaffen, obwohl der wirtschaftliche Fokus natürlich auf die nahe Hauptstadt gerichtet blieb. Der bekannteste „Zuagroaste" von allen ist bis über seinen Tod (2022) hinaus, sicherlich Hermann Nitsch in seinem Schloss Prinzendorf. Ein großer Künstler, der ganz abgesehen von seinem regionsunabhängigem Werk, sich auch persönlich mit dem Weinviertel identifizierte. Dafür hat ihm auch das Land Niederösterreich vor einigen Jahren in Mistelbach ein eigenes Museum gewidmet.

Ein anderer, der allerdings schon 1957 zugezogen war und von Gaweinsthal aus gewirkt hatte, war Prof. Franz Kaindl. Er war nicht nur der langjährige Präsident der niederösterreichischen Kunstvereine, sondern auch Gründer des NÖ. Dokumentationszentrums für moderne Kunst in St. Pölten, seit 1986 niederösterreichische Landeshauptstadt. Eine weithin bekanntere Institution, deren Initiative ebenfalls auf Kaindl zurückgeht, sind die „Tage der offenen Ateliers in Niederösterreich". Bis heute malt der Meister unermüdlich, um die 25 Jahre einzuarbeiten, die er mit den beachtlichen und unschätzbaren Leistungen als Organisator von Ausstellungen und als Wegbereiter und Förderer für seine niederösterreichischen Kollegen und Kolleginnen verbraucht hatte.

Erst viele Jahre nach seiner allerersten Werk-Präsentation anlässlich der ersten Tage der offenen Ateliers erkannte Bauch, dass hinter verschiedenen Einladungen zu Ausstellungsbeteiligungen oftmals der umsichtige Prof. Kaindl stand. So auch bei der nachhaltigen Ausstellung Weinviertler Künstler in der Wiener Secession 1981. Die Organisatoren hatten damals drei ruhige Landschaftsbilder des Hermann Bauch Junior als harten Kontrast zu zwei aktionistischen Werken von Hermann Nitsch in einer großen Koje platziert. Was die Spannweite des künstlerischen Schaffens in der Region anschaulich darstellte.

All dies führte kurz vor der Jahrtausendwende dazu, dass der nicht mehr ganz so junge Bauch eine einschneidende Veränderung seiner Lebensumstände vornahm. Um die Unverwechselbarkeit mit dem gleichnamigen und im Land weithin bekannten Künstlervater zu demonstrieren, änderte er seinen Vornamen in „Manfred H." und übersiedelte in die Kleinstadt Wolkersdorf. Diese Entscheidung für die junge Stadt, in der er sich schon als Jugendlicher zwischen Wien und Kronberg heimisch fühlte, erwies sich als wunderbare Fügung des Schicksals. Die Begeisterung, hier leben und arbeiten zu können, führte zu zahlreichen künstlerischen Aktivitäten. Meist als Initiator und Organisator für die unterschiedlichsten Kunstprojekte, die wiederum möglichst viele Kunstschaffende und Kollegen miteinbezog. 2003 war der Beginn der Aktion „Das Bild im Zimmer des Bürgermeisters". 2008 und 2009 die Realisierung der Wiederaufführung von zwei Julius Bittner-Opern: „Die rote Gred" und „Der Musikant". Oder die legendären mehrtägigen Veranstaltungen des „ARTevent wolkersdorf" von 2007 bis 2012, die er als Mitorganisator plante und leitete. Bis zu 100 Künstler unterschiedlicher Genres waren hier in ein Konzept zu integrieren und organisatorisch zu koordinieren.

Anlässlich der zehnjährigen Suche nach Künstlern für das Projekt „Das Bild im Zimmer des Bürgermeisters", die wegen ihres Bezuges zur Stadt besondere Bedeutung besaßen, stieß Bauch durch einen Hinweis des Grafiker-Freundes und Feuilletonisten Ferdinand Altmann auf den Namen Rudolf Goessl. Der auch international namhafte Künstler war ein im Weinviertel bis dahin vollkommen unbekannter Maler, der aber angeblich im nahen Kronberg geboren sein sollte. Als er ihn schließlich in Wien gefunden hatte und ihm einen Atelierbesuch abstattete, stellte sich heraus, dass Goessl den Sohn seines ehemaligen Kronberger Freundes sehr wohl kannte. (Warum sein Name in der Familie des Bauch sen. nie erwähnt wurde, konnte Manfred H. Bauch nicht mehr in Erfahrung bringen, da der Vater kurz davor verstorben war.) Beim Vertiefen in Goessls Biografie, die in mehreren Werkkatalogen angeführt war, fiel ihm eine Ungereimtheit zu den Erzählungen des Malers auf. Das beschriebene Geburtsdatum des Künstlers lautete hier 1932. Es passte so ganz und gar nicht zu den Fotos von Volksschule, Erstkommunion und Graphische, die er dem Sohn gezeigt hatte. Die Antwort des Gefragten war dann für ihn aber relativ aufschlussreich, was die späteren Beziehungen der ursprünglichen Freundschaft betraf: „Als Künstler wollte er einfach nicht aus dem gleichen kleinen Nest wie H. B. kommen „und" im selben Jahr geboren sein!" Die beiden nun spät Begegneten und in ihrem Wesen ähnlichen Künstler verstanden und schätzten sich gegenseitig trotz des Generationenunterschieds, gab es doch diese geheimnisvolle, infantile Beziehung zwischen ihnen. Auf die erste retrospektive Ausstellung im Schloss Wolkersdorf 2008, folgte fünf Jahre danach noch eine große, die das Projekt abschloss und zu der Manfred H. Bauch als Autor einen dokumentierenden Bildband: „Bildende Künstler in & um Wolkersdorf, 1900–2013" herausgegeben hatte.

Als Rudolf Goessl im Jahr 2014 mit dem Würdigungspreis des Landes Niederösterreich ausgezeichnet wurde, erschien wieder einmal ein neuer umfangreicher Katalog, der die gleichzeitige Ausstellung seines künstlerischen Lebenswerkes dokumentierte. Auch Manfred H. Bauch war gekommen, um zu gratulieren. Als dieser das druckfrische Buch durchblätterte, blieb sein Blick wie zufällig in der Biografie hängen. Stand doch hier schwarz auf weiß: „geboren 1929 in Kronberg". Ziemlich verdutzt fragte er den alten Freund, was denn hier geschehen sei. Mit einem verständnisvollen milden Lächeln erklärte ihm der große Meister: „Lieber Manfred, dein Vater ist tot – jetzt kann ruhig auch einmal die Wahrheit gedruckt werden." Damit war alles über die vollkommen unterschiedliche Kunstauffassung und anscheinend ursprüngliche Konkurrenz der beiden Künstler gesagt.

Eine hohe Anerkennung durch den großen Maler bedeutete es Bauch im Jahr 2016, als Goessl ihn ersuchte, die Gestaltung seines Grabsteines am Friedhof Kronberg zu organisieren, um ihn für sein Ableben vorzubereiten. Hier im Dörfchen Kronberg, das Bauch schon jahrelang nicht mehr besucht hatte, schloss sich damit ein wundersamer Kreis künstlerischer Beziehungen, wie sie die ebenso kreisrunde weiße und scheinbar schwebende Marmorscheibe und die Inschrift schlicht und friedlich symbolisieren.

116

KUNST IM ÖFFENTLICHEN RAUM – LAND ART
1990–2020

118

Versinkende Erd-Steinspirale

Kronberg 1989

Das Eintauchen in, sowie das Auftauchen dieses uralten Kraftsymboles aus der Erde des Weinviertels stellt die enge Verbundenheit des Künstlers Prof. Hermann Bauch mit seinem Geburts- und Schaffensort dar. Seine jahrzehntelange Beschäftigung mit der frühgeschichtlichen Besiedelung dieses Ortes demonstriert er mit zahlreichen archäologischen Funden in seinem Privatmuseum. Das Versinken dieser Kulturen, aber eben auch ihr Wiederentdecken ist durch die Relikthaftigkeit der Spirale dargestellt. Die Mitte bildet der Baum, welcher auch in Werk und Leben des Künstlers eine zentrale Rolle spielt. Auftraggeber und Durchführung aller Arbeiten – Gartenkomitee Kronberg, zum 60. Geburtstag des Professors im Josef Kraus Park in Kronberg. – Auf umliegenden Feldern gesammelte Muschelsandsteine, Erde, Gras.

Fassaden-Gesamtkonzept NMS Kirchenplatz

Wolkersdorf 1989 -1990

In den späten 80er Jahren von der damaligen architektonischen Stilrichtung der Postmoderne besonders fasziniert, war für den Künstler von Beginn an die Idee „der Eroberung des Quadrates durch die Natur" ein bestimmendes Leitmotiv der Gestaltung.

Dies führte unter anderem zur architektonischen Gliederung des damals noch nüchtern und kasernenhaft wirkenden Hauptschulgebäudes, um die durch den Neubau entstandene optische Barriere zwischen Schlosspark und Kirchenplatz zu überwinden. Insbesondere aber auch der Versuch eine Verbindung dieser Räume und der für die Stadt markanten Gebäude, Kirche, Pfarrhof und Schloss herzustellen. Eine Art grüne Achse, die durch die Begrünung des Schulbaus eine atmosphärische Beruhigung erfährt und die beiden Wahrzeichen der Stadt stärker zur Geltung bringt.

War die Schule schon bisher ein überaus dominanter Abschluss des Kirchenplatzes, so wurde sie es durch die Verdoppelung in der Dimension (dem Zubau) nun umso mehr. Durch die neue kontrastreiche Trennung des gesamten unteren Teiles vom oberen, wird ihr empfundenes optisches Volumen quasi halbiert. In reinweißer Farbe ruht der erste Stock so leicht wie möglich auf dem grün-gerasterten Erdgeschoß. Die dunklen Latten des Spaliers erzeugen im Sonnenlicht ein lebendiges Schattenspiel. Damit aber der von einem durchgehenden Kordongesims horizontal getrennte Baukörper nicht allzu sehr in die Breite ausufert, wird die lattengerasterte Parterrezone von der Putzbänderung und den hohen Sandsteinsockeln der beiden Eckrisalite unterbrochen, bzw. begrenzt. Letztere bieten nun einem bestehenden, frühen Wandmosaik von Hermann Bauch sen. aus dem Jahr 1953, einen gebührenden Rahmen.

Ein luftiger pavillonartiger Vorbau, der sich aus dem Spalier der Fassade herausentwickelt, betont den neuen Haupteingang. Eigentlich körperlos, nur Form und den Schlosstürmen verwandt, als möglichst filigraner Kontrapunkt zum wuchtigen Gebäudekomplex. Zuletzt noch ein Auslaufen in Accessoires – den Straßenlaternen.

Das mit einer Gärtnerei erarbeitete Pflanzprogramm ergibt (ergab) im Wechsel der Jahreszeiten ein sich immer wieder verändertes Aussehen der Untergeschoße. Die Blüten und Blätter von Kletterhortensie, Geißblatt und Jungfernrebe (wilder Wein) eroberten seither, ja sie überwuchern zeitweilig, die strengen Lattenroste in satten Farben. Eine Reihe von sieben japanischen (zartrosa blühenden) Kirschbäumen war (bis 2010) der Gattin des Künstlers gewidmet.

99 Laufmeter Holzlattenspalier mit jahreszeitlichem Blühkonzept der Bepflanzung der vier Fassadenteile. Diverse Putzbänderungen, Kordongesimse, Sandsteinsockel. Eingangspavillon – Stahlrohrkonstruktion, 4,25 x 4,25 x 5 m / drei Laternen (1991 – 1. Preis des NÖ Baugewerbes)

Innen: künstlerische Gestaltung des Pausenraumes
zwei abstrakte 15,2 x 3,3 m Wandmalereien / vier fahrbare Paravents – Stahlrohr und Dämmplatten / zwei diagonal gesetzte Säulen

Platzgestaltung Baumgarten an der March

Errichtet 1992 - 1994

Ein zufällig freigewordenes Baugrundstück in der Mitte des typischen Marchfelder Straßendorfes Baumgarten a. d. March sollte in eine zentrale Freifläche umgestaltet werden, um eine zukünftige Nutzung als frequentierter Hauptplatz anzuregen. Die vorhandene Gesamtfläche wurde in einen parkartigen Grünraum mit 1200 m² und ein mit Granitpflastersteinen befestigtes Forum mit 500 m² geteilt.

Projektiert waren diverse öffentliche Einrichtungen für eine optimale Multifunktionalität des Platzes, um die Ortsbevölkerung an ein Zusammentreffen am neuen Hauptplatz zu gewöhnen. Somit beinhalten die gebauten Einrichtungen im überdachten vorderen Teil ein Buswartehäuschen und in dessen hinteren Teil einen verschließbaren Raum für Sondermüll. Dahinter befindet sich ein

Müllsammelzentrum. Nach der Verbannung sämtlicher bestehender Freileitungen in den Untergrund erhielt der ornamental gepflasterte Platz eine klassische Telefonzelle, einen Wasserhydranten und, zur optischen Abgrenzung der integrierten Nebenstraße, Granit-Radabweiser. Beleuchtungskörper, Bänke und die Gemeinde-Anschlagtafeln ergänzen das Platzprogramm.

Am Beginn des anschließenden, niveaumäßig abgesenkten Gartens begrenzen zwei, in naher Zukunft mächtige, Lindenbäume den vor ihnen liegenden Raum. Der dazwischen liegende, wellenförmige Weg erinnert an die March. Die Feuer- bzw. Giebelwand des Anrainerwohnhauses und eine Rückwand des Stallgebäudes werden mit einer abgestuft gemauerten Wand verbunden, um dem anliegenden Zeltdach optischen Halt zu geben. Sie ist durch einen mondsichelförmigen Ausschnitt durchbrochen. Die mittlere der Mauern erhält einen teilweisen, durch eine senkrechte Welle begrenzten neuen Verputz, der wiederum als Symbol für die March gilt. Davor schwebt über einem neuen Wandpfeiler ein kugelförmiger Beleuchtungskörper. Künstlerische Absicht war, gemeinsam mit dem Anrainergebäude ein ortbildgerechtes Ensemble zu schaffen.

Das Foto zeigt den leicht veränderten Zustand 2022.

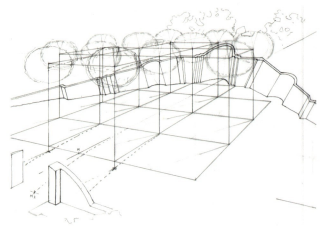

Meditationsort – Versunkene Kapelle

Entwürfe 1994.

Land Art Projekt an Stelle des ehemaligen Ziegelofens in Groß-Schweinbarth, der seit Mitte des 20. Jahrhunderts als wilde Mülldeponie diente, welche stillgelegt werden sollte. In Erinnerung an die Erzeugungsstätte dieses wichtigen Baustoffes werden die Hänge der flachen Senke durch schrägstehende Betonwände befestigt, denen eine Schicht alter Abbruchziegel vorgemauert wird.

Zwölf Hochstammeichen aus dem dahinter liegenden Hochleithenwald imaginieren die Säulen einer dreischiffigen Basilika. Ihre mächtigen Baumkronen sollen in der Zukunft an ein gotisches Kreuzrippengewölbe erinnern.

Nicht realisiert. Stattdessen dient die eingeebnete kontaminierte Deponie als landwirtschaftliche Ackerfläche.

Visualisierung 2021, Acryl, 80 x 100 cm

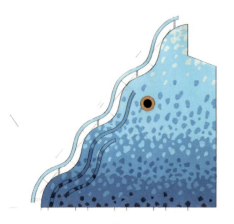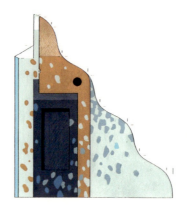

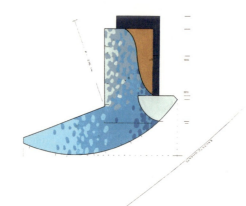

Pumpenhaus Gerasdorf

Entwürfe 1993 / Fertigstellung 1995

Erneuerung des multifunktionellen städtischen Schaltwerkes: Abwasserpumpwerk der städtischen Kanalisation, Entlüftungsrohre, Starkstrom-Schleifenkasten der Wiener Stadtwerke, Telefon, diverse elektrische Anschlüsse. Zur Sicherung des vom öffentlichen Verkehr stark gefährdeten Standortes (nur 60 cm zur Fahrbahn) entsteht durch Form und starke Farbigkeit eine besondere Signalwirkung. Das Kleinbauwerk durch sechs massive Betonpoller geschützt.

H: 330 cm, Ziegelmauerwerk, Oberfläche Stoober Bruchkeramik, gewelltes PVC Rohr

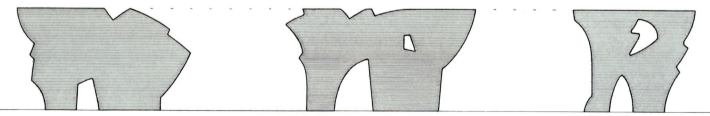

Kreisverkehr B2 Hollabrunn

Entwürfe und Modell 1999 - nicht realisiert

Als Landmark soll die Gestaltung für Ankommende wie für Fortfahrende, besonders aber auch für jene, die den Ort auf der Umfahrung nur streifen, ein unverwechselbares Attribut von Hollabrunn darstellen. Ein in seiner Form und Größe einprägsames Bild, eine Art Etappenmarkierung für den Reisende auf ihrem Weg von Wien nach Prag und umgekehrt.

Ausgangspunkte des Entwurfs: Der Hinweis des Auftraggebers auf die Möglichkeit der Ausführung eines Teiles des Projektes durch den Lehrbauhof Haindorf, NÖ. Landesinnung des Baugewerbes (sämtliche Maurerarbeiten).

Die Geschichte der Stadt Hollabrunn. Der Ortsname bedeutet etymologisch: „bei der Quelle, die von Holunderstauden umgeben ist", sowie die Erinnerung an die ehemaligen sechs Hollabrunner Ziegelöfen, die das Baumaterial der Stadt erzeugten.

Sechs „Holunder-Tore" weisen den Weg ins Zentrum das durch den Brunnen symbolisiert wird. Im Inneren der Rundmauertorsi, deren Material an Historisches erinnert, evozieren die abstrakt vegetativen Formen und die äußere Keramikverkleidung das Bild der Namensherkunft.

DM des gesamten Bauwerkes: 20 m, H: 375 cm, Wandstärke: 45 cm, Oberfläche mit Umrandungen: ca. 140 m² (Stoober Bruchkeramik und ca. 500 Stück Blütendoldenteller aus Keramik, frostfest gebrannt) Springbrunnen DM: 280 cm

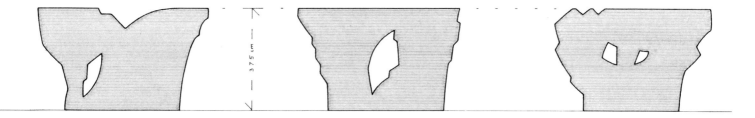

Säulen für Gänserndorf

Bedeutung und Botschaft der einzeln, paarweise oder gruppiert „freistehenden Säulen" für Gänserndorf sind „vertikaler Kontrapunkt zur weiten Ebene des Marchfeldes". Dieses als langfristig geplante Charakteristikum der zukünftigen Stadtlandschaft ist als Corporate Identity des öffentlichen Raumes der Stadt Gänserndorf seit 2019 Grundlage für die kontinuierliche Entwicklung des Leitbildes: „Gänserndorf – Stadt der Säulen". War die Idee zu Beginn 1992, das **Verlassen** sowie das **Ankommen** durch eine Art Stadttor ins Bewusstsein zu rücken, so entwickelte sich in Folge die Schaffung weiterer Objekte für den öffentlichen Raum in Säulenform fast unbewusst und wurde von der Bevölkerung durch eine beginnende Identifikation bisher als positiv bewertet. Nicht vorauszusehen war beim Bau der ersten Säulen die landesweite Errichtung unzähliger, gigantischer Windradmasten, welche seit 2015 die ursprüngliche Idee scheinbar in Frage stellen könnte. Was zu dementieren ist, da die Funktion einer freistehenden Säule kultureller Natur ist, ein Windradmast hingegen eine rein technische und ökonomische Aufgabe erfüllt.

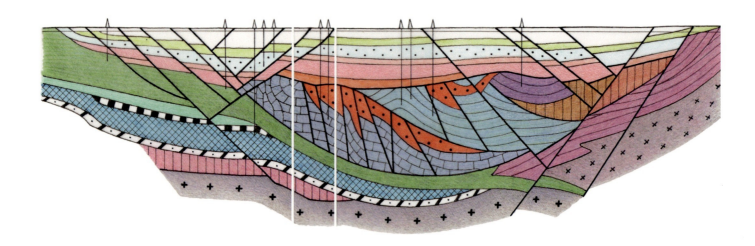

Grafische Darstellung der geologischen Situation im Wiener Becken / Schönkirchner Feld / Gänserndorf

Illustration: M. H. Bauch 1997 / Buntstift, nach Plänen von Dr. Godfrid Wessely 1984 / Chefgeologe der OMV

Protteser Tor

errichtet 1997

In Form von zwei symbolischen Bohrkernen dokumentieren die bombierten Keramikoberflächen der beiden Stahlrohrsäulen im Maßstab 1:1000 die genauen geologischen Formationen einer Tiefbohrung dieses Standortes in unmittelbarer Nähe der OMV-Ölförderanlagen „Schönkirchner Feld / Prottes".

DM: 107 cm, H: 1000 cm, Auftraggeber: OMV AG und Gemeinde Gänserndorf

Protteser Tor
Als erstes von fünf geplanten Stadttoren für die Stadt Gänserndorf 1997 fertiggestellt

Schönkirchner Tor

errichtet 1999

Einer Reinkarnation gleich erinnern die beiden Säulen an den im Jahr 1980 gesprengten Schlot der nahegelegenen ehemaligen Ziegelfabrik. In der ersten Hälfte des 20. Jh. hatte sie den Baustoff zum Expandieren des Ortes erzeugt. Das Abbruchmaterial wurde 1998 unter Mithilfe vieler freiwilliger Helfer geborgen, gesäubert und hier wiederverwendet. In klassischer Säulenform wurden die alten Schlot- und Mauerziegel um einen Betonkern gemauert.

DM: 132 cm, H: 1200 cm, Sponsoren: NÖ Bauinnung – Lehrbauhof Schloss Haindorf / Bmstr. Ing. Rudolf Lahofer / NÖ LReg. Kulturabt./ Stadtgemeinde Gänserndorf

Schönkirchner Tor
Stadteinfahrt Gänserndorf

Das Markgrafneusiedler Tor

Entwurf 2009

In unmittelbarer Nähe zu den Kiesgruben der diversen Schotterwerke und deren Transportunternehmen zeigen die konischen Säulenschäfte dieses Rohmaterial ornamental geschichtet, den Betonkern noppenartig ummantelnd. Die blauen Bänder aus Glasmosaik definieren die Grobkies-Oberfläche als „Donauschotter" der ehemaligen Ur-Donau.

H: 1200 cm, DM Basis: 160 cm

Lichtwächter – Friedhofsplatzgestaltung

Errichtet: 1998 / 99

Gedacht als den Raum illuminierende Ehrenwache für die Verstorbenen im Erweiterungsbereich des Friedhofes in Gänserndorf, stehen vier perforierte Stahlrohre im Rund der Bodengestaltung. Dem durch ein Kreuz geteilten Kreisring der Betonsteinpflasterung sind ein zentriertes Alpha und Omega eingeschrieben.

Vier Stahlrohre, H: 280 cm

Axishirsch – Safariparksäule Nr.6
Errichtet 2001

Bereits 1992 im Gesamtkonzept der fünf Stadteinfahrten angedacht, wurde das Projekt an die zwischenzeitliche städtebauliche Veränderung angepasst. Als eine Art Leitsystem wurde die Säulenreihe von der Kreuzung der B8 bis zum Parkplatz des damaligen Safariparks ausgedehnt.

Sieben Säulen mit exotischen Tierfellmustern begleiteten nicht nur die vier Kilometer der Straße, sondern fungierten auch als Verbindungselemente zum abseits gelegenen Gänserndorf Süd, der ehemaligen „Siedlung Gänserndorf", um die damals noch zukünftige Expansion der Stadt zu berücksichtigen.

Sieben Säulen aus Faserzementrohr mit linear genuteten, bemalten Oberflächenmustern. DM: 65 cm, H: 530 cm

Safariparksäulen – Kreisverkehr SÜD

errichtet: 2018

In Erinnerung an den Safaripark Gänserndorf, der von 1972 bis 2004 zu einem bedeutenden Teil die Identität der Stadt nach außen hin prägte, erhielten die sieben Säulen im Jahr 2018 einen neuen, zentralen Standort. Als Tiger, Okapi, Axishirsch, Zebra, Leopard, Elefant und Giraffe sind sie nun für viele Vorbeikommende fröhlich vereint in der Drehscheibe zum neuen Kindergarten, zur Volksschule, zur Emauskirche, etc.

Sieben Säulen aus Faserzementrohr mit linear reliefierter, bemalter Oberfläche und aufgesetzten Keramikkappen. DM: 65 cm, H: 500 cm

Stabsäulen – Volksschule SÜD
errichtet 2019

Als Gegengewicht zur Breite der flachwirkenden Baukörper der neuen Volksschule Gänserndorf Süd vermittelt die senkrechte und bunte Durchlässigkeit der fünf den Zugang zum Pfortenhof flankierenden Stabsäulen eine unbeschwerte Verspieltheit, und stellt damit die Assoziation zu den Schulkindern her. Um sich auch deutlich von den in nächster Nähe befindlichen Safariparksäulen zu unterscheiden, besitzen sie einen quadratischen Grundriss und eine bunte Transparenz. Weiße, in verschiedenen Höhen aufgesteckte Kugeln unterstützen diesen lockeren Eindruck. Eine unterschiedlich gebändert wirkende Farbgebung nimmt den horizontalen Schichtcharakter des Gebäudes auf, ohne seine Strenge wiederzugeben.

Auf 55 x 55 cm, stehen im Abstand von 12 cm, je 12 Rohre. DM: 5 cm, H: 400 cm

Weidenbachdenkmal

Errichtet 2006

Neugestaltung eines Denkmales anlässlich der Renaturierung des Weidenbaches in Gänserndorf, unter Einbindung eines Granitgedenksteines aus dem Jahre 1932, welcher an die damalige Regulierung des Weidenbaches erinnerte. Damit verbunden war auch die Transferierung vom ursprünglichen Standort, der Weidenbachbrücke an der Protteser Straße, zum neuen Aufstellungsort, im neuen Biotop – Landschaftspark Gänserndorf.

Die Gestaltung bezieht sich auf das von Manfred H. Bauch entworfene Logo für die zahlreichen Wasserverbände Marchfeld – Weinviertel von 1999.
Bestand das alte Denkmal aus einer mächtigen Steinkugel mit aufsitzendem, beschrifteten Quader, so verbindet ein neuer Granitsockel, der die Wellen des Logos aufnimmt, dieses mit dem flachen Keramikpodest. Dessen grüne und kobaltblaue Fliesen spiegeln das Wasserverbands-Logo. Die dunkelblauen Wellen münden gleichsam herabfließend in eine untere Betonsockelplatte.

LB: 360 x 300 cm, H: 230 cm

Nikolaus Seyringer Denkmal

Weinlandsäule Region Matzner Hügel

Ein Säulenfuß steht als Symbol für Abt Nikolaus Seyringer von Matzen, der zu Beginn des 15. Jh. als bedeutender Erneuerer des österreichischen und bayrischen Mönchtums gilt – „Melker Reform". Aus dem schräg geschnittenen Säulenschaft wächst das Glaubenssymbol, um sich in der Höhe wieder mit diesem zu verbinden. Die Schnittfläche des Rohres bildet eine vergoldete Ellipse, die als Mandorla oder Glorie des Kreuzes wirkt, auf welches das Porträt des Abtes blickt.

Mit patiniertem Kupferblech ummanteltes Faserzementrohr.
DM: 65 cm H: 265 cm / Auftraggeber: Bildungswerk BHW-NÖ. Matzen / 2002

An einer Straßenkreuzung des kleinen Weinviertler Ortes steht auf einem künstlich aufgeschütteten Hügel und einem massiven Sockel eine schlanke serpentingrüne Stele. Ihr Betonkern ist mit mattglasierten reliefierten Elementen aus Stoober Keramik ummantelt.
Die Weinlaubmotive im Mittelteil werden nach oben hin von einem kugelförmigen Sonnensymbol abgeschlossen.

H: 400 cm, LB: 76 x 76 cm / Auftraggeber: VSV Raggendorf / errichtet 2001

Kapellensäule Kleinharras

In Erinnerung an die ehemalige kleine Dorfkirche, die 1937 einer neuen Straßenkreuzung weichen musste. Auf einer schmalen Verkehrsinsel die die Straßen teilt, befindet sich ein traditioneller weiß getünchter Bildstock bzw. „Gnadenstuhl". Die Nähe zum Errichtungsort des neuen Denkmales, verlangte nach einem formalen Bezug der beiden Objekte, um keine Konkurrenz hervorzurufen. Unter der Geborgenheit des Blätterdaches von drei Bäumen steht als dunkles Gegenstück des hellen Bildstocks eine serpentingrüne toskanische Säule aus mattglasierter Stoober Keramik. Auf ihrem Kapitell ruht ein Modell des ehemaligen Kirchleins. Der untere Teil des Schaftes ist mit den Darstellungen der Kirchenpatrone Philippus und Jakobus reliefiert.

H: 255 cm / Auftraggeber: VSV Kleinharras, / errichtet 2004

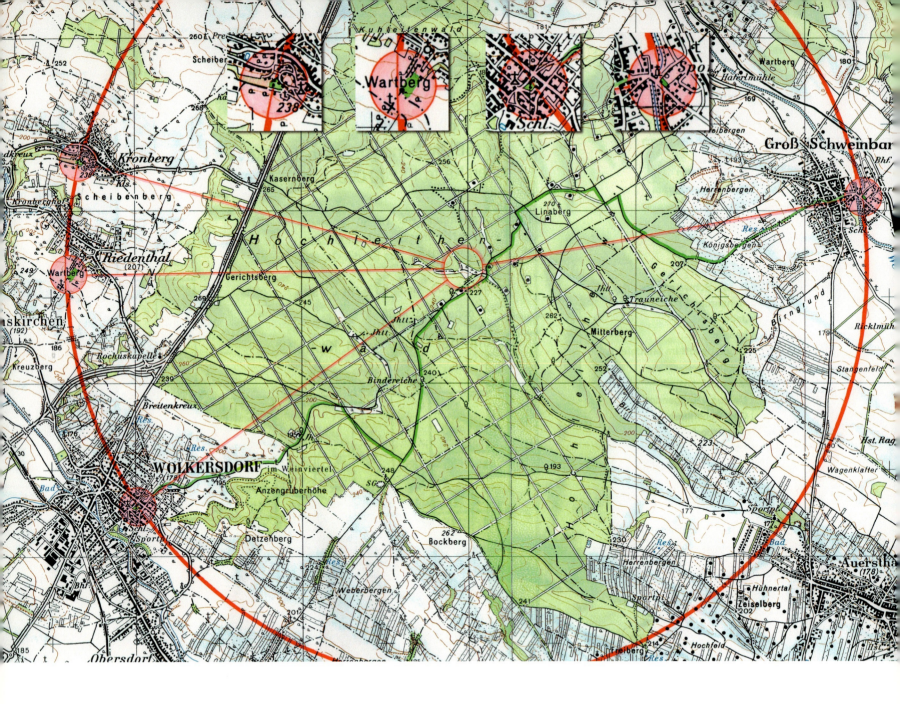

Grafik: M. H. Bauch 2001/ Kartendetail BEV 1995

Schicksalszentrum & Ferdinandeum

Der gemeinsame 100. Geburtstag von Hermann und Makiko im Jahr 2001 war für die Jubilare Anlass, diesen besonderen Tag mit einer großen Schar von Freunden und Wegefährten zu einem denkwürdigen Erlebnis werden zu lassen. Hermann, seine Freunde nennen ihn auch noch heute so, hatte die Idee, das Fest rund um eine herbstlich-künstlerische Wanderung durch den Hochleithenwald zu organisieren. Rund 17 Kilometer betrug die Strecke, ausgehend vom früheren Wohnort in Groß-Schweinbarth, an dem das Paar bzw. die Familie 18 Jahre lang gelebt hatte, quer durch den an das Dorf angrenzenden großen Wald, zum seit kurzem neuen Domizil, dem Traun'schen Forstamt Wolkersdorf. Dort sollte dann ausgiebig gefeiert werden.

Die grafische Gestaltung der Einladungen sollte diesen Weg auf einem Plan abbilden und den Sinn der Geburtstagswanderung verständlich machen. Auf einem Ausschnitt einer Landkarte, einem Mappenblatt des Bundesamtes für Eich- und Vermessungswesen, zog der Graphiker auch eine zusätzliche Verbindungslinie zu den anderen Orten, an denen er und seine Frau Makiko früher gewohnt hatten. Die ersten Monate nach der gemeinsamen Rückkehr aus Japan verbrachten sie in Kronberg, dort wo er damals als Junior seine künstlerische Laufbahn fortsetzen wollte. Da es aber anders kam als gedacht, folgten zwei Jahre im nahen Riedenthal, anschließend die lange Zeit in Groß-Schweinbarth und nun eben in Wolkersdorf. Die am Plan skizzierte Linie rund um den ausgedehnten Wald wurde zum Oval, unabsichtlich mehrmals gezogen wurde sie immer kreisrunder, so dass er plötzlich innehielt, einen Grafiker-Zirkel zur Hand nahm, um seine spontane Ahnung zu überprüfen. Die Nadel setzte er im Zentrum des Forstes ein, dort wo er sowohl seit langem eine künstlerische Idee realisieren wollte, als auch während der Wanderung einen Rastplatz vorgesehen hatte. Ausgehend vom Grundstück in Riedenthal zog er die gespitzte Zirkelmine quer durch das Haus, in dem sie in Kronberg gewohnt hatten, weiter bis die Linie das Haus in Groß-Schweinbarth durchkreuzte. Sie zerschnitt aber ebenso das Forstamt Wolkersdorf, bevor sie sich zuletzt zu einem perfekten Kreis geschlossen hatte – Es war schier unglaublich! Aber der Kreis log nicht. Sein Mittelpunkt erschien ihm plötzlich von ganz besonderer Bedeutung für sich und seine Gattin. Er hatte durch Zufall sein „Schicksalszentrum" gefunden. Würde sich auch in Zukunft vieles Weitere auf Punkten dieses Kreises ergeben?

Das Fest, bei dem das glückliche Paar seinen Freunden die Bedeutung dieses Kreises auf der Einladungskarte erklärte, war unvergesslich geworden. Nicht zuletzt auch deshalb, weil alle die damals daran teilnahmen als „freundschaftsverschärfende Maßnahme!" je einen faustgroßen Stein mitschleppen mussten. Diese wurden dann auf halbem Weg, während der Rast auf der wunderbaren Waldlichtung, als Grundsteine für ein zukünftiges Projekt des Künstlers mit dem Titel „Ferdinandeum" vergraben.

Ferdinandeum im Hochleithenwald

Es war eine Bekanntschaft aus Jugendtagen, die den jungen Bauch mit dem alten Grafen Ferdinand Abensperg und Traun verband. Mit dem zufällig gefundenen Wohnsitz von ihm und seiner Gattin in Groß-Schweinbarth lebte diese in den 80er Jahren wieder auf, da auch er seinen Herrschaftssitz, das alte Schloss im Ort bewohnte, wenn er seiner Leidenschaft, der Jagd, im riesigen Eigenrevier nachging. Über eine weitere Passion die er mit dem Künstler teilte, der klassischen Musik und dem Hang zu herzhaften Speisen, die Makiko Bauch köstlich zubereiten konnte, entwickelte sich eine freundschaftliche Beziehung von großer gegenseitiger Wertschätzung. Bereits damals entstand die gemeinsame Idee, in seinem von mehreren Förstern und Jagdaufsehern gepflegten Forst eine Waldkapelle zu errichten. Leider starb der kultivierte und gleichermaßen volksnahe Graf Ende der 80er Jahre und mit ihm wurde auf Schloss Maissau auch die Idee zu Grabe getragen.

Wie es das Schicksal wollte, führte viele Jahre danach, auf der neuerlichen Suche nach einem mietbaren Wohnsitz, der Zufall den Künstler mit dem mittlerweile herangewachsenen jungen Erben der vielfältigen Traun'schen Besitzungen – Benedikt Traun – zusammen, wodurch man sich letztendlich samt Familie in dessen Wolkersdorfer Forstamt bleibend niederlassen konnte. Die wiedergewonnene Nähe zur Hochkultur Wiens und die Möglichkeit an die vielen sozialen Kontakte mit Wolkersdorfern nach zwei Jahrzehnten wieder vermehrt anknüpfen zu können, verhalfen dem Künstler zu einem enthusiastischen Neubeginn.

So kam es auch, dass in ihm der Gedanke einer Kapelle im Hochleithenwald wieder aufflammte. Nun sollte es aber vor allem ein Zeichen des Erinnerns an den alten Grafen Ferdinand werden. Die geschilderte Idee gefiel dem jungen Besitzer und Enkel des Vorfahren so sehr, dass man schon einige Tage später, zu dritt mit seinem Vater im Geländewagen kreuz und quer durch den Wald fuhr, um den besten Standort zu erkunden. Man einigte sich schließlich auf jene große Lichtung in der Mitte des Forstes, der hier auch einen kleinen Teich besaß. Die Form des beabsichtigten Projektes „Ferdinandeum" ließ man noch völlig offen, mit einer üblichen Hubertuskapelle sollte man es aber nicht vergleichen können. Vielmehr würde es ein „kunstvoll gestalteter Ort der Kontemplation" werden, ein Ort der Ruhe, an dem man als Weinviertler nach langer Wanderung zum „Sinnieren" käme – ein „Waldheiligtum" –, was immer man darunter auch verstünde. So endeten die damaligen Gespräche.

Da eine Realisierung nicht drängte, benötigte es noch ein paar Jahre, bis die Idee zur endgültigen Form fand. Mittlerweile war 2001, wie vorher beschrieben, der Grundstein mit den Freunden gelegt worden, welcher durch Bauchs persönliche Erkenntnis seines Schicksalszentrums zusätzlich auch zu inhaltlicher und formaler Erweiterung des Projektes führte.

Drei korrespondierende Elemente des Land Art Projektes sollten in Sichtweite zu den jeweils anderen stehen – ein Landschaftspark inmitten des Waldes. Über mehrere Vorstudien entstanden dann die endgültigen Entwürfe und Modelle zur „Bank der Diana", zur „Eustachiuskapelle" und zum „Stein des Pan". Bei letzterem war geplant, einen echten „Wackelstein", einen Granitfelsen aus dem Waldviertler Rapottenstein, wo sich auch die uralte Stammburg der Familie Traun befindet, ins Weinviertel zu transferieren. Die vergessene Syrinx des altgriechischen Wald- und Flurgottes Pan wurde dann am Ort eingemeißelt. Die zur Rast einladende Bank der Jagdgöttin Diana sollte an ein Relikt eines Diana-Tempelchens erinnern, ähnlich jenen in englischen Landschaftsgärten der Romantik.

Der offene, mit der Umgebung verschmelzende Kapellen-Kubus aus massivem Kalkstein würde aus der Ferne etwas ruinenhaft wirken. In seinem Inneren würden aber die nur hier geschliffenen Seiten der Monolithe den Eindruck einer „Cella" mit 2,50 x 2,50 x 3,50 m erzeugen. Das ikonografische Attribut Hirschgeweih mit Kreuz gilt dem Patron der Jägerschaft und „Nothelfer" St. Eustachius.

Da sich letztendlich herausstellte, dass das Vorhaben nicht realisiert werden kann, ruht das Modell des geplanten Waldheiligtum in Modellform nun seit fast zwanzig Jahren im Archiv des Künstlers, bis auf diesen Seiten die Leser dieser Zeilen erstmals davon erfahren.

Die 14. Station – „Grablegung"

Entwurf 2000 / nicht realisiert

Teil 14 eines projektierten Kreuzweges am Tumulus in Spannberg, dessen Stationen von einer Gruppe regionaler Künstler gestaltet werden sollte.
Transformierung der alten Kriegsopferkapelle in eine künstlerische Bauskulptur durch eine strenge Schrägteilung des bestehenden Baukörpers. Wie ein großer Monolith verschließt eine schwarze Granitplatte den Kapellenstumpf und wird dadurch zum Sinnbild für Grabstätte und das Warten auf die Auferstehung. In zwei Schriftblöcken sind darauf die Namen der im Ersten und Zweiten Weltkrieg gefallenen Soldaten Spannbergs eingraviert.

Poybachblick

Modell 2010 / *nicht realisiert*

Auf Anregung der NÖ. LReg. Abt. Wasserbau kanalisierte unterirdische Wasserläufe in urbanen Zonen wieder ins öffentliche Bewusstsein zu rufen, sollte im Zentrum von Poysdorf der Boden, bzw. die Kanaldecke in Form einer künstlerischen Intervention großflächig geöffnet werden. Auf einer einladenden Stiege in der kreisrunden Ausnehmung eines Grünstreifens zwischen zwei Verkehrsflächen steigt man, begleitet von einer gebogenen Mosaikwand, ca. drei Meter hinunter in die Unterwelt. Das Mosaik stellt die diversen historischen und geologischen Erdschichten Poysdorfs dar und endet am Flusslauf. Gleichzeitig lässt ein aus der Höhe herabrieselnder durchschimmernder Wasservorhang das nasse Element noch auf eine zweite Art erleben und gewährt im Sommer angenehme Abkühlung.

DM: 800 cm

Marienbildstock am Tetzenberg
errichtet 2009–2012

Der Standort, der nicht nur herrlichen Ausblick auf die Gemeinde Obersdorf gewährt, schenkt von seiner erhabenen Stelle einen Blick auf ein weites Panorama mit den Nachbargemeinden samt der Bundeshauptstadt Wien am Horizont. Als starker „Kraftort" lädt er den Wanderer nach der Mühe des Aufstieges zum Atemholen, kurzen Innehalten und damit auch zur stillen Andacht.

In seltener Symbiose schufen zwei Künstler aus Obersdorf und Wolkersdorf gemeinsam ein Werk das der Marienverehrung gewidmet ist. Angeregt von den ersten Entwürfen des Marienbildnisses der Malerin Eva Kroner gestaltete Manfred H. Bauch einen Bildpfeiler, der auf abstrakte Weise den Nexus – die Verbindung – zur Jungfrau Maria mit der göttlichen Dimension herstellt. Drei Glastafeln sind Zeichen der Trinität Gottes: Gelb der Geist, das mit dem Kreuzbalken verbundene Rot für Christus und das mit dem Himmel verschmelzende Blau Gottes. Wenn das Sonnenlicht durch die drei scheinbar schwebenden Glastafeln auf das Antlitz der „Beata Maria Virgo" fällt, erleuchtet dieses in froher Farbigkeit.

52 x 52 cm H: 400 cm / Auftraggeber: VSV Obersdorf

B7–Blutzollmemorial

Modell 2013 / *nicht realisiert*

Modell eines Denkmals für die von 1955 bis 2005 ungefähr **240** getöteten Unfallopfer der Brünnerstraße im Bereich des Polizeirayons Wolkersdorf. Einem großen Windspiel ähnlich, künden Form und Klang von der tragischen Seite der ständig zunehmenden Mobilität unserer Gesellschaft in der 2. Hälfte des 20. Jahrhunderts. Material und Farbe, sowie die dynamische Form des Monumentes symbolisieren die Verlockung schneller Fahrzeuge.

240 Klangrohre sollen die unglaubliche Zahl an Verkehrstoten auf diesen 13 Km begreifbar machen und an das Schicksal jedes einzelnen Opfers erinnern. Standort ist der Gerichtsberg bei Wolkersdorf, im Verlauf der alten Trasse der B7 – in Sichtweite und im Kontext zur nahen Rochuskapelle. Die Bodengestaltung zeigt das Kleinsteinpflaster der alten Brünnerstraße bis 1961/66 sowie die anschließende Asphaltierung der B7. Die rote Linie ist Zeichen für den „Blutzoll".

Neun Bodenmosaike für den Hauptplatz
Realisierung 2012

Subtile Integrierung von Fußbodenmosaiken in die bestehende Bodenpflasterung des Hauptplatzes von Wolkersdorf, ohne dessen Gesamterscheinung entscheidend zu verändern. Hier, wo sich zeitgenössische, aber auch traditionelle Festkultur in fast mediterraner Gelassenheit vereint, wo der beliebte Wochenmarkt stattfindet und das Jahr von Maibaum, Hiatabaum und Christbaum bestimmt wird, sind dem Platz in den Zentren der alten Bodenfelder neun kostbare, bunte Schmucksteine eingesetzt. In der Technik venezianischer Glasmosaike mit leicht abstrahierter Weinlaub-Trauben-Reben-Motivik unterstreichen sie das Identitätsbild der Stadt als ehemalige Weinbaugemeinde.

Urnenwand & Urnentürmchen

Realisierung Sommer 2022

Als ungleiches Paar bilden die beiden Urnenkammerobjekte ein Hybrid aus künstlerischer Skulptur und funktionellem Industrial Design.
Als mit Licht und Schatten spielende Raumskulptur stehen am Friedhof Wolkersdorf drei dieser steinernen Objekte. Im Gegensatz zu den Konstruktionselementen der Baukörper aus massiven Kalksteinmaterial, welches den Alterungsprozess zukünftig ablesbar machen soll, bestehen die polierten Verschlussplatten der Kammern aus verschiedenfarbigen Graniten, die eine Individualisierung des Kammersystems ermöglichen. Die entstehenden Leernischen bieten genügend Platz für mitgebrachte Blumen, Grablichter und andere Devotionalien.

Hohes Steinkreuz – Friedhof Auersthal
errichtet 2014

Die Gestaltung des neuen Steinkreuzes visualisiert Leid und Tod ebenso wie die Hoffnung im christlichen Auferstehungsgedanken. Einem Monolithen ähnlich wird der hohe Kreuzstamm durch ein scheinbar schlankes, helles Marmorkreuz optisch durchbrochen. Es überwindet sozusagen die Schwere des Irdischen, des massiven erdverbundenen Kalksteines. Die Strahlen einer gläsernen Glorie unterstreichen diesen Auferstehungsgedanken. Die sich nach obenhin verjüngende Skulptur, beziehungsweise deren leicht zurückgebogene Vorderseite lässt den Stein monumentaler erscheinen, als er tatsächlich ist. In abstrakter Symbolik sind dem unteren Teil des warmgrauen Kalksteines Kerben herausgehauen – zeichenhafte Verwundungen, die sich im schlanker werdenden oberen Teil zu leicht hervortretenden Schwebeformen entwickeln. Die Situierung am Friedhof verbindet diesen oberen Teil anschaulich mit dem umgebenden Himmel, dessen Sonne die facettiert geschliffenen Strahlen schimmern lässt.

Basis: 80 x 72 cm, H: 400 cm, Auftraggeber: Bmstr. Ing. Rudolf Lahofer

Margarethenkapelle Auersthal
errichtet 2020

Als Feldkapelle ruht der ungewöhnliche Baukörper aus Sichtbeton und Glas auf einer der ersten Bodenwellen des Weinviertels, welche die weite Ebene des Marchfeldes nach Norden hin begrenzt. Nach Süden ausgerichtet liegt etwas unterhalb in der davorliegenden Talmulde die Ortschaft Auersthal. Als deutlicher Akzent wirkt der Bau wie eine kleine felsige Klippe, herausragend aus dem welligen Boden des ehemaligen Urmeeres. Die zwei Blickachsen der Kapelle sind in völlig unterschiedlicher Materialität hergestellt. So präsentiert sich die Nord-Süd-Ansicht aus hohen, parallel und schräg aufgerichteten Betonplatten im starken Gegensatz zur transluzenten Erscheinung der Ost-West-Achse, welche gänzlich aus künstlerischen Glasfenstern besteht. Trotz der intensiven Lichtflut vermitteln sie im Rauminneren ein Gefühl der Geborgenheit – als befände man sich in einem Zellkern. Um in dieses Innere zu gelangen, muss der Besucher drei, immer enger werdende Pforten durchschreiten, um den Suchenden vor dem Betreten des sakralen Raumes, der Zelle, klein werden zu lassen.

Planung und Fertigstellung 2017–2020
Stufensockel ca. 600 x 500 cm H: 450 cm, Bauherr: Bmstr. Ing. Rudolf Lahofer

Ausgeführte Werke im öffentlichen Raum

1974	„Sonnensymbol" – Wandgest. außen, Gemeindeamt Markgrafneusiedl / Glasmosaik im Auftrag Werkst. H. Bauch
1977	„Akita Wasserfall" – Akita – Japan / Wandgest. innen – Reha-Klinik / Glasmosaik (Gebäude 2007 abgerissen)
1978	„horizontal – vertikal" – Wandgestestaltung innen, Feststiege, Direktion Wr. Städt. Bestattung, 1040 Wien / gemischtes Marmor-Glasmosaik, 220 x 380 cm (Gebäude wurde 2014 abgerissen)
1979	„Resurrection" – Wandgestestaltung innen, Aufbahrungshalle Pillichsdorf / Glasmosaik, 160 x 640 cm
	„Gesang der Vögel" – Flügeltüren der „Vogelorgel", Festsaal Unterdambach / Acrylmalerei u. Blattgold
198	„Altarwandgestaltung" – Zeremonienraum B" Halle 1 – Wiener Zentralfriedhof / Gips- u. Glasmosaikornamente
1982/83	„Zeremonienraum C – Halle 1" – Wiener Zentralfriedhof / Stirnwand – 17 m² gemischtes Marmor-Glasmosaik, 12 kl. Glasmosaikornamente seitlich, Goldmosaik auf Altarflügeltüren
1984	„Fassadengest. Feuerwehr Groß-Schweinbarth" – vertikales Glasmosaikband u. Putzgestaltung (2022 abgerissen)
1986	„Eingangsbereich Kindergarten Groß-Schweinbarth" – kleiner Portikus / ornamentales Fußboden-Glasmosaik
1987/88	„Pausenraumgestaltung Volksschule Bockfließ" – Wandmalerei (Dispersion), 1480 x 340 cm
	„Altarwandgest. Aufbahrungshalle Zentralfriedhof Stammersdorf" – Altarnische – Gold/Glasmosaik, Bleiglas-Schiebetüren
1989	„Fassade & Portal – Foto Puchner" – Mistelbach Hauptplatz / diverse Materialien u.a. Spiegel u. Vordachkonstr./ 5 ornamental perforierte, beschichtete Mehrschichtlisenen
	„St. Florian Mosaik" – Feuerwehr Pillichsdorf / Wandmosaik außen (Marmor- u. Glasmosaik)
	„versinkende Erd-Stein-Spirale" – Land Art Projekt / Parkgelände Kronberg / VSV Kronberg
1989/90	„Pausenraumgestaltung Hauptschule Kirchenplatz - Wolkersdorf" – 2 abstrakte Wandmalereien je 1520 x 330 cm, Dispersionsspritztechnik, 4 mobile Paravants – Stahlkonstruktion / 2 Säulen
	„Fassaden - Gesamtkonzept HS Kirchenplatz" – vierseitig – 99 lfm Holzlattenspalier mit Bepflanzungskonzept diverse Putzelemente / Eingangspavillon – Stahlrohrkonstruktion 4 x 4 x 5 m / etc.
1990	„Fassade & Portal - Optiker Janner"– Mistelbach, Hafnerstr. / Granitportal u. Glasmosaik / Wandmalerei etc.
1991	„Volksschule Großebersdorf" – Wandmalerei außen / Eingangsportal u. Vorplatzgestaltung
1991-94	„Platzgestaltung Baumgarten a.d. March" – landschaftsgestalterische Maßnahmen, diverse bauliche Einrichtungen
1993	„Glasmosaikkreuz & Bleiglasfenster" – Altarraumgestaltung Aufbahrungshalle Gänserndorf
1995	„Pumpenhäuschen Gerasdorf" – multifunktion. Kleinbauwerk / Ziegel gemauert u. Bruchkeramikmosaik / H: 330cm
1997	„Fassaden-Gesamtkonzept – Volksschule Wolkersdorf" – Band- u. Punkt-Ornamentmalerei - Dispersion / Eingangsvordach / Stahlrohrbuchstaben bunt lackiert (2019 Totalumbau und teilweise abgerissen)
	„Protteser Tor" - Säulentor – Stadteinfahrt Gänserndorf / bombierte, reliefierte Baukeramik (70 m²) auf Stahlrohr, DM: 107 cm, H: 1000 cm / gedrehte Nirosta Kapitelle

1998/99	„Lichtwächter" – *Platzgestaltung – Friedhof Gänserndorf / 4 Lichtsäulen – perforierte Stahlrohre, beschichtet, etc.*
1999	„Schönkirchner Tor" – *2. Säulentor – Stadteinfahrt Gänserndorf / Schlot- u. Mauerziegel um Betonkern gemauert / Basis: 200 x 200 cm, Schaft – DM: 132 cm, H: 1200 cm*
	„Brücken-Wellengeländer" – *Hörersdorf / Stahlrohrkonstruktion / NÖ LReg. – Wasserbau*
2001	„Safariparksäulen – Gänserndorf" – *7 Säulen aus ornamental reliefierten u. farbbeschichteten Faserzementrohren mit Keramikkappen / DM: 65 cm H: 530 cm*
	„Weinlandsäule – Region Matzner Hügel" - *Raggendorf / reliefierte Baukeramik, serpentingrün glasiert auf Betonpfeiler, H: 400 cm, Sockel: 76 x 76 cm / VSV Raggendorf*
2002	„Nikolaus Seyringer Denkmal" – *Matzen / Faserzementrohr mit patiniertem Kupferblech innen u. außen ummantelt / Porträtmedaillon – Metallklischee geätzt / Beton-Säulenbasis / DM: 65 cm, H: 265 cm*
2002/03	„Wien um 1850" – *Palais Coburg - 1010 Wien / Lobby, Fußboden-Natursteinmosaik u. Marmorintarsie – 187 m² /*
2003	„große Woge" – *Palais Coburg – SPA / Glasmosaik, 215 x 235 cm / POK – Pühringer Privatstiftung*
2004	„Denkmal für Kapelle" – *Kleinharras / reliefierte, teilw. plastische Baukeramik auf Betonkern, H: 255 cm*
2006	„Weidenbachdenkmal" – *Gänserndorf / Überführung eines Vorgänger-Denkmales in eine Neugestaltung / Granit, Fließen u. Keramikelemente auf Betonstufenpodest / NÖ LReg. – Wasserbau*
2010	„Klangfarben – Farbklänge" – *Optiker Janner – Mistelbach / Wandmalerei, 59 m² / Bruchkeramik auf Ohr-Plastik*
2010-12	„Marienbildstock am Tetzenberg" – *Obersdorf / Betonpfeiler, Blattgold auf Nirostakreuz , 3 aufgesteckte Farbglastafeln, 52 x 52 cm, H: 400 cm / VSV Obersdorf*
2011	„Amethyst-Kristallmosaik u. Marmor-Ei" – *Palais Coburg – Restaurant Silvio Nikol / 180 x 250 cm Wandgest. / POK*
2012	„9 Mosaiken für den Hauptplatz v. Wolkersdorf" – *befahrbare Fußbodenmosaike - venez. Smalten, je 60 x 60 cm*
	„Altar & Ambo – Pfarrkirche Poysdorf" – *Laaser Marmor mit vergoldeter Schriftgravur / 2 Kerzenleuchter – Messing*
2013/14	„Fassadengest. Hauptplatz Wolkersdorf" – *Ordination Dr. Schwarzenberger / außen, Innenhof u. Gebäuderückseite / beschichtete Styropor-Mehrschichtfassade, Silikatfarben*
2014	„Hohes Steinkreuz" – *Auersthal – Friedhof / Kalkstein und Laaser Marmor, ESG-Glas / Basis: 80 x 72 cm, H: 400 cm*
2018	„Safariparksäulen im Kreisverkehr" – *Gänserndorf Süd / Transferierung der 7 Säulen von 2001 zum neuen Standort,*
2019	„Stabsäulen zur Volksschule" – *Gänserndorf Süd / Vorplatzgestaltung / 5 Stabsäulen aus je 12 Alurohren, beschichtet u. gebändert lackiert / je 55 x 55 cm, H: 430 cm*
2017-20	„Margarethen Kapelle" – *Auersthal – Feldkapelle / Betonfertigteile u. Glasfenster / Auftragg.: Ing. R. Lahofer*
2022	„Urnenwand & Urnentürmchen" – *Friedhof Wolkersdorf / teilw. massiver Kalkstein u. Granitplatten / 325 x 263 x 82 cm u. 132 x 132 x 294 cm / Auftrag: Stadtgemeinde Wolkersdorf*
	„Kneippsäule – Gänserndorf" – *Zementfaser- u. Polypropylenrohre / DM: 60 cm, H: 380 cm / Auftrag: Kneippverein*

Ausstellungsverzeichnis (Auswahl)   E - Einzelausstellung   B - Beteiligung

1978	„Tage der offenen Ateliers" – E / Riedenthal, NÖ
	„BV – Jubiläumsausstellung – Berufsvereinigung bildender Künstler Österreichs – B / Altes Rathaus, 1010 Wien
1979	„Hermann Bauch Jun." – E / Mercedes Benz – Schauraum Opernring, 1010 Wien
1980	„Erarbeitung einer künstlerischen Richtung" – E / Gutshof Groß Schweinbarth, NÖ
1981	„Künstler im Weinviertel" – B / LV NÖ KV / Aktion Museum M / Barockschlössl Mistelbach, NÖ
1982	„Künstler im Weinviertel" – B / LV NÖ KV / Wiener Secession / Katalog
1983	„Östliches Weinviertel" – E / Schloss Wolkersdorf, NÖ
1984	„Landschaften" – E / Pfortenhof-Stift Klosterneuburg, NÖ
1986	„Arbeiten im, über und fürs Weinviertel" – E / Meierhof- Groß-Schweinbarth, NÖ. Museum für Volkskultur
1988	„100 Jahre Graphische 1888–1988" – B / Kulturzentrum Arbeiterkammer, 1040 Wien / Katalog
1989	„4 Hermann, Heidi, Hannes Bauch und Reinhard Kiesel" / Galerie im Kneslpark - Bad Pirawarth, NÖ / Katalog
1991	„Landauf" – B / NÖ Landesmuseum im Barockschlössl Mistelbach, NÖ / Katalog
1993	„Kunst-Natur-Technik" – B / Aktion Museum M – Kulturbund Weinviertel – Mistelbach, NÖ / Katalog
1996	„Manfred H. Bauch – Retrospektive 1986–1996" – E / Blau-Gelbe Viertelsgalerie – Mistelbach, NÖ
1997	„Manfred H. Bauch – Retrospektive 1987–1997" – E / designaustria Galerie, 1070 Wien
1999	„Künstlerische Projekte für Gänserndorf" – E / CT Institut Dr. Paul Müller – Gänserndorf, NÖ
	„Die ersten 7 " – B / Kulturzentrum Seyring, Gerasdorf bei Wien / Katalog
2000	„Landauf 2000" - B / Blau-Gelbe Viertelsgalerie und Aktion Museum M / Mistelbach, NÖ / Katalog
	„Werkschau Manfred H. Bauch" – E / forumschlosswolkersdorf / Wolkersdorf, NÖ
2004	„Projekte - Kunst im öffentlichen Raum" – E / NÖ Tage der offenen Ateliers / Wolkersdorf , NÖ
2005	„Manfred H. Bauch" – E / Aktion – Das Bild im Zimmer des Bürgermeisters" / Rathaus Wolkersdorf
2007	„Kunststücke" – Die Künstlerfamilie Bauch 1953–2006" – B / Himmelkellergalerie Kronberg / NÖ
2008	„5 Jahre – Das Bild im Zimmer des Bürgermeisters" – B / forumschlosswolkersdorf / Wolkersdorf, NÖ / Katalog
2013	„Emil Toman – Maler, Mentor, Wegbereiter" – B / zs art Galerie, 1070 Wien
	„Kunstschaffende im Land 2013" – B / Museum M Mistelbach, NÖ / Katalog
2014	„10 Jahre – „Das Bild im Zimmer der Bürgermeisterin" – B / forumschlosswolkersdorf Wolkersdorf, NÖ
2015	„Bild – Objekt – Kunst" – E / CT & MRT Institut G Gänserndorf (seit 2016 – Manfred H. Bauch Galerie)
2021	„Jg.68 – Die Graphische" – B / Kunstverein Mistelbach u. blaugelbe Viertelsgalerie

Literaturverzeichnis

Abkürzungen: NÖ LReg.- Kultur – Amt d. Niederösterr. Landesregierung – Abt. Kultur
Z - Zeitschrift-Artikel / Hrg. – Herausgeber / Kat. - Katalog / EV – Eigenverlag

1978	„BV – Jubiläumsausstellung" – *Kat. / Hrg.*: Berufsvereinigung der Bildenden Künstler Österreichs
1981	„Künstler im Weinviertel" – *Kat. / Schriftenreihe „Das Weinviertel" Nr. 6 / Hrg.*: Kulturbund Weinviertel
1988	„100 Jahre Graphische 1888–1988" – *Kat. / Hrg.*: Höhere Graphische Bundes Lehr- und Versuchsanstalt
1989	„VIER" *Kat. / Hrg.*: Hermann jun., Heidi, Hannes Bauch und Reinhard Kiesel – EV
1990	„Hauptschule Wolkersdorf – Erneuerung und Zubau" – *Festschrift / Hrg.*: Stadtgemeinde Wolkersdorf
1991	„Landauf" – 38 Künstler im östlichen Weinviertel – *Kat. / Hrg.*: NÖ LReg.- Kultur
1993	„Kunst – Natur – Technik" – *Kat. / Hrg.*: Aktion Museum M – Kulturbund Weinviertel
1996	„Kulturnachrichten aus dem Weinviertel" – *Jg. 16 / Heft 2 / Z* – „Kunst im öffentlichen Raum – Gerasdorf"
1999	„Die ersten 7" – Gerasdorf bei Wien" – *Kat. / Hrg.*: NÖ LReg.- Kultur – Kunst im öffentlichen Raum
	„Kulturnachrichten aus dem Weinviertel" – *Jg. 19 / Heft 3 / Z* – „Manfred H. Bauchs Stadttore für Gänserndorf"
2000	„Kulturnachrichten aus dem Weinviertel" – *Jg. 20 / Heft 1 / Z – S. 3 / S. 11*
2000	„MORGEN" – 02/2000 – *Kulturberichte / Hrg.*: NÖ LReg. Kultur – Kunst / Z – „Der Torbauer"
2003	„Unser Schaffen" *Jg. 48/9/2003 / Hrg.*: Hilfsgem. d. Blinden u. Sehschw. Österr. / Z – „Künstlerportrait"
2004	„Palais Coburg – Baudokumentation" - *Kat / Hrg.*: POK Pühringer Privatstiftung / „Das Stadtbild als Mosaik"
	„Kunstschaffende im Land 2004" – Weinviertelfestival 2004 – *Kat. / Hrg.*: M. Racek und F. Altmann
2005	„Topographisches Denkmalverzeichnis – Wolkersdorf / *Hrg.*: Stadtgem. Wolkersdorf / *Autor*: M. H. Bauch
2007	„Kulturnachrichten aus dem Weinviertel" – *Jg. 27 / Heft 1 / Z* – „Bauch 7 – Im Himmelkeller Kronberg" 2008 „ 5 Jahre – Das Bild im Zimmer des Bürgermeisters" – *Kat. / Hrg.*: M. H. Bauch & Anita Fieger – EV
2009	„Der Musikant ist 99" – Julius Bittner – Eine Weinviertler Oper? – *Kat. / Hrg.*: Manfred H. Bauch & Anita Fieger – EV
2012	„Kulturnachrichten aus dem Weinviertel" – *Jg. 32 / Heft 2 / Z* – „M. H. Bauch setzt den Hauptplatz von Wolkersdorf"
2012/13	„Wiedereröffnung Stadtpfarrkirche Poysdorf" – *Festschrift und Kat. / Hrg.*: Pfarrgemeinde Poysdorf
2013	„Kulturnachrichten aus dem Weinviertel" – *Jg. 33 / Heft 2 / Z* – „Altar & Ambo – Steinerne Zeugnisse des …"
	„Kunstschaffende im Land 2013" – Weinviertelfestival 2013 – *Kat. / Hrg.*: M. Racek und F. Altmann
2014	„Bildende Künstler, in & um Wolkersdorf, 1900–2013" – *Bildband / Hrg.*: Manfred H. Bauch / Verlag Berger Horn
2015	„Wolkersdorfer Regionsjournal" – 4/15 / *Hrg.*: Mentor Comm. Werbeag. GmbH / Z – „Künstlerische Strahlkraft"
2019	„Gänserndorfer Geschichte(n)" – *Hrg.*: Franz Ehart / Pilum Literatur Verlag / S. 145–148
2021	„GESTALTE(N)" Nr.171 / *Hrg.*: NÖ LReg. / Z – „Leuchtendes Glaubenszeichen"

DANK

Ich widme dieses Buch den vielen Freunden Bauch`scher Kunst- & Kulturprojekte, die meinen künstlerischen Werdegang seit Jahrzehnten begleiten. Ganz besonders aber meinen unvergleichlichen Förderern **Dr. Peter** und **Renate Kenyeres** sowie **Dr. Gustav** und **Brigitte Kamenski**, deren Freundschaft und Unterstützung auch in schwierigen Zeiten mir oftmals Bestätigung und Sicherheit boten.

Mein großer Dank gilt der Fotografin, bzw. Kollegin aus Zeiten der „Grafischen" – **Ingrid Böhm** – vista color, die mir zum wiederholten Male die Reproduktionen einiger Originalbilder für dieses Buch unentgeltlich herstellte und zur Verfügung stellte.
Ebenso der Fotografin und GLV Absolventin **Ingrid Oentrich**, die mit ihren hochauflösenden Scans meiner alten Fotokopien ebenfalls kostenlos zur qualitätvollen Wiedergabe in diesem Buch beitrug.
Letztlich meiner Partnerin im grafisch-digitalen Bereich **Anita Fieger**, welche mir in allen Fragen beim Layouting am PC immer hilfreich zur Seite stand.

Manfred H. Bauch

Martin Neid

Manfred H. Bauch

Geboren 1950 in Obersdorf (Weinviertel), wo er heute noch mit seiner Frau lebt. Rechtsanwalt, 1981 bis 2020 Kanzlei in Wolkersdorf. Schon seit der Jugend schauspielerisch tätig.

Die Liebe zum Weinviertel, zu seinen Bewohnern und vor allem zu jenen am Rand, zieht sich durch seine Werke, ob als Kabarettist und Schauspieler – u.a. „Weinkabarett" seit 2006, oder als Autor der Bücher: „Alles vorbei", „Naja", „A Gulasch und a Bier" und „A Gulasch und no a Bier". Mehrere Preise für literarische Texte. Schreibt für mehrere Kulturzeitschriften.

Geb. 1953 in Wien. Ausbildung an der Graphischen Lehr- u. Vers. Anstalt. Daneben Ausbildung in diversen kunsthandwerklichen Techniken (Mosaik, Wand-malerei etc.). Von 1975–77 in Tokyo/Japan als Grafik- u. Industriedesigner tätig. Seit 1977 im Weinviertel – freischaffend bildender Künstler. Seit 1998 Atelier in Wolkersdorf.

Ab 1980 erste Fassaden- und Portalgestaltungen sowie zeichnerische Beschäftigung mit der Landschaft des Weinviertels und deren Architektur. Ab 1990 diverse Land Art- und Stadtdesignkonzepte (u.a. Gänserndorf – Stadt der Säulen). / Ausgeführte Mosaike, Glasfenster, Wandmalereien, Keramiken und Steinplastiken, sowie Land Art Projekte befinden sich im öffentlichen und privaten Raum in Wien, Niederösterreich, Deutschland und Japan. ASeit 1973 Ausstellungstätigkeit.

art edition *Verlag* Bibliothek der Provinz

für Literatur, Kunst, Wissenschaft und Musikalien